AF365018

LAS AVENTURAS DEL JABALÍ TEODOSIO

José Manuel Domínguez

Ilustraciones de Cristina Vaquero Fernández

JOSÉ MANUEL DOMÍNGUEZ
ILUSTRACIONES DE CRISTINA VAQUERO FERNÁNDEZ

Enseñanzas para la empresa y para la vida

«José Manuel Domínguez logra contar historias entretenidas para niños, en las que además hay un aprendizaje y lleva a una conversación entre los padres y los hijos sobre valores fundamentales en la vida. Estoy seguro de que los padres pueden desarrollar sus propios comentarios en base a estas historias contribuyendo a educar a sus hijos para hacer de ellos buenas personas. Pienso que la sección de comentarios es además muy útil para los adultos, que pueden entender conceptos a veces complejos de forma muy sencilla y aplicarlos a su vida personal.»

Ignacio Madridejos, consejero delegado de Ferrovial

«En el deporte como en la vida, la superación, el trabajo en equipo o solventar los problemas que te van surgiendo es lo más importante para alcanzar tus objetivos, Teodosio es una muestra constante de ello. Lo importante no es el resultado sino el camino andado para conseguirlo.»

Virginia Ruano, doble medallista olímpica y ganadora de 11 Grand Slam

«Excelente colección de cuentos para las personas que construirán el futuro con metodología, cimentado sobre los eternos y necesarios valores de respeto.»

César Moñux, director de la fábrica de Michelin en Aranda de Duero

«José Manuel Domínguez, el padre literario de este simpático jabalí, comparte en este libro sus aventuras en las que subyacen las propias vivencias del autor. Y lo hace con sencillez, con generosidad, desvelando su modus vivendi y su itinerario vital. Una historia destinada a sus hijas en el cotidiano paseo hacia el colegio que trasciende el ámbito familiar para convertirse en un modelo de educación en valores.

Con un tono amable y desenfadado va tejiendo con palabras un cuento divertido en el que se inserta toda una filosofía de vida. Mucho más que un relato para niños: sensibilidad y sentido del humor que van dejando un regusto dulce al lector adulto y provoca la carcajada en los pequeños.»

**Cristina de la Rosa, vicerrectora de estudiantes y empleabilidad
de la Universidad de Valladolid**

«En Las aventuras del jabalí Teodosio, José Manuel Domínguez combina de manera brillante valores éticos, principios de gestión empresarial y buena prosa. Lectura muy recomendada para todos los públicos.»

**Guillermo Martinez, vicepresidente ejecutivo de recursos humanos
de CEMEX EE. UU.**

«La educación, aunque es un proceso continuo que dura toda nuestra vida, es fundamental en nuestra infancia. José Manuel Domínguez además de tener una mente analítica que le ha hecho triunfar profesionalmente, se revela como un excelente escritor comprometido con los niños y nos lleva a través de sus cuentos de agradable lectura, a un mundo donde los procedimientos científicos, las etapas de un proyecto, sus riesgos y el desarrollo personal y de equipo se traducen en fábulas que los niños adorarán y asimilarán con facilidad y a los adultos nos hará recapacitar sobre el sentido de nuestra vida y el futuro que queremos dejar a nuestros hijos.»

Javier del Cid, expiloto de combate y general del Ejército del Aire español

«¡José Manuel nos presenta unas lecturas de niños para adultos! En un entorno infantil, simplifica conceptos sumamente complejos de ética, educación, valores...que, adaptados al nivel de los niños, sin embargo tocan profundamente el intelecto de los mayores que han de plantearlos. Muy aplicable igualmente como ancla, para formación en el entorno cambiante de las empresas.»

**Ignacio Machimbarrena, director industrial corporativo
de Cementos Molins**

«Fantástico, inspirador...un soplo de aire fresco. Como padre y entusiasta contador de cuentos ha sido muy estimulante el ver en las aventuras del jabalí Teodosio esa enseñanza adicional enfocada en el mundo de los negocios. Jose Manuel ha descubierto una ruta desconocida en los cuentos infantiles.»

Fernando Nadal, director global de operaciones de Grupo Dufry

*Dedicado a María e Irene,
para quienes imaginé estos cuentos.*

Índice

Prólogo

Querido lector:

Cuando estás jugando a cualquier juego, sale a relucir tu carácter profundo sin darte cuenta, ya sea el ganador empedernido, el cascarrabias, el conformista, el peleón o cualquiera que sea y lleves dentro. Aunque no lo quieras, emerge tu esencia. Escribir es como jugar. Cuando lo haces, cada línea va dejando un poco de ti en ella, de tal suerte que, si pudiésemos escuchar al autor mientras la manda a su mente, para que esta la envíe al papel a través de las manos, ya podríamos saber muchas cosas de ella o él.

Eso es lo que me pasó con José Manuel Domínguez cuando leí por primera vez "Las aventuras del jabalí Teodosio". En cada línea hay algo de él. Cada renglón nos descubre al padre amante de su familia, al ejecutivo exitoso, observador, detallista, minucioso, organizado, cuidadoso, o al amigo atento y siempre dispuesto a ayudar.

Estás ante un libro ingenioso, entretenido, que no te va a dejar indiferente, que te va a enseñar algo. Da igual la edad que tengas. Sea la que sea, si estás pudiendo leer estas líneas, vas a aprender algo valioso:

- Si eres niño, joven o estás empezando en eso que llamamos vida, vas a encontrar en "Las aventuras del jabalí Teodosio" una sucesión de historias bien contadas, entretenidas y muy divertidas, que te harán pensar y aprender para lo que tienes por delante.

- Si eres una persona de mediana edad, muchas de estas historias te van a llevar a tu niñez, te van a transportar a cuando te contaban cuentos y te van a dar una cantidad de material impagable para contar a tus hijos, sobrinos, hijos de amigos o cualquier otro espécimen de corta edad con el que te relaciones.
- Si eres un senior, un buen número de estos cuentos te van a traer buenos recuerdos de situaciones vividas, te van a recordar enseñanzas aprendidas y te traerán a la memoria viejas hazañas logradas.

Querido lector, durante muchos años las escuelas se han esforzado en enseñar y evaluar a los alumnos por los conocimientos. Esa forma de hacer se ampliaba al mundo profesional. A la gente se la seleccionaba por el historial académico y se la despedía por su incapacidad para poner en práctica esa sabiduría adquirida.

Hoy ya están sonando todas las alarmas porque, tan importante, o más, que los conocimientos técnicos, son las habilidades y las competencias, de las que José Manuel habla en este libro. Sin duda, el complemento perfecto para cualquier persona que se quiera considerar completa.

Vas a encontrar aquí impagables lecciones de comunicación, de organización, de trabajo en equipo, de liderazgo, de inteligencia emocional, de innovación, de flexibilidad y adaptación… Elementos, todos ellos, extremadamente valiosos y demandados en las empresas en un momento como el actual.

Este libro es un instrumento imprescindible para que los padres puedan generar conversaciones profundas y valiosas con sus hijos, los abuelos con sus nietos y los adultos, en general, consigo mismos. Una excusa para encontrar en cada uno de los cuentos una metáfora, una moraleja, una pequeña o gran lección que reforzar o aprender. Y lo es porque nos habla directamente al niño que todos llevamos dentro.

Desde hace años trabajamos en mi compañía con líderes y tengo demostrado que solo las experiencias intensas generan aprendizajes. Este libro te deja ambas cosas, aprendizajes basados en las experiencias que el propio autor nos transmite.

Querido lector, únicamente me queda recomendarte que leas con mucha atención, y un lapicero, "Las aventuras del jabalí Teodosio" y dejes que la niña o el niño que llevas dentro disfrute de cada línea. Y también que el adulto llene este libro de notas al margen y llamadas de atención.

Ojalá lo disfrutes tanto como yo.

Raúl Castro
Consultor de RRHH y Knowmad
Managing Partner dpersonas

Introducción a "Las aventuras del jabalí Teodosio"

Eran los años de la crisis que había empezado en 2008. En España existía una sensación de que todo iba cuesta abajo y sin frenos. Los empleados de la empresa privada temíamos seriamente por nuestro empleo y veíamos con preocupación el devenir de la economía y el mercado laboral. En aquel inquietante ambiente, mi mujer y yo decidimos hacer el esfuerzo económico, y asumir el riesgo, de inscribir a nuestras hijas en un colegio británico de Ciudad Lineal, en Madrid, cercano a casa. Pensábamos que era, entonces o nunca, la ocasión para aprender bien un idioma que es la puerta al mundo global, que tanto esfuerzo cuesta aprender imperfectamente de adulto y cuyo conocimiento, dos años después, me permitió aprovechar una buena oportunidad laboral en Estados Unidos, desde donde escribí estos cuentos.

Durante aquellos meses, yo llevaba a mis hijas al nuevo cole todos los días, justo antes de ir a la oficina y salvo que estuviera de viaje. El colegio se encontraba a unos 20 minutos andando desde casa y tanto a las niñas como a mí nos hacía falta ejercicio (para el que nunca sobran ocasiones en la vida que llevábamos en los inviernos de Madrid), con lo que yo les proponía ir caminando. Ellas, naturalmente, no querían. Preferían ir tranquilamente sentadas en el coche. Así que, para convencerlas, les decía que si íbamos a pie, en vez ir atento a conducir, yo podía ir contándoles un cuento por el camino. Tenía que inventarme uno cada día, hacerlo interesante y concluirlo justo al llegar al colegio, lo que era todo un reto. Siempre pensaba que me iba a resultar imposible, que no se me iba a ocurrir nada nuevo. Pero en todas las ocasiones, por no sé qué inspiración traída por el aire matutino madrileño o el tráfico de la calle de Arturo Soria, aparecía una nueva historia en mi imaginación.

La idea del jabalí protagonista de los cuentos nació de mis vicisitudes diarias como padre. Cuando las niñas se ponían insistentes pidiendo algo imposible (una chuche antes de comer, el enésimo vídeo, ir al parque a las 11 de la noche…), yo imitaba la voz de un niño caprichoso y les decía una y otra vez: "yo quiero un jabalí". Lo repetía en voz cada vez más alta, pataleaba el suelo, hasta que ellas me miraban estupefactas y me intentaban explicar que NO podía tener uno, que no tenía sentido y que era solo un capricho. Eso les hacía olvidarse del suyo. Y así se me ocurrió la idea de contarles cuentos de ese simpático animal, que era primo de los tres cerditos del cuento clásico.

Las historias del jabalí Teodosio están diseñadas con tres vertientes. La primera de ellas es la literaria. Usando mi condición de lector y aficionado a la escritura, he intentado barnizarlos con un leve toque lírico, que aporte sensibilidad y ternura. Para ello he empleado frases más bien cortas, pero he introducido a propósito algún vocabulario no habitual para los niños más pequeños, precisamente para provocar su pregunta sobre el significado al adulto que se los lea o que esté junto a ellos, y que ese hecho conduzca a un progresivo enriquecimiento del lenguaje.

Creo que, en el principio del siglo XXI, las historias, tanto en libros como en el séptimo arte o televisión, se han vuelto cada vez más trepidantes. Esto es aún más acusado en el cine infantil o juvenil, donde la mayoría de las escenas duran apenas unos segundos antes de cambiar a otra, en una sucesión de flases que a los pertenecientes a la Generación X nos desborda. Frente a eso reivindico la narrativa que planteaba, por ejemplo, la película "Memorias de África", que sumergía al espectador en el ritmo lento de la vida y en los paisajes del África colonial de principios del siglo XX. Soy consciente de que las peripecias del jabalí pueden resultar difíciles a los más jóvenes, acostumbrados al rápido ritmo de las películas de aventuras y los videojuegos. Pero, precisamente por ello, creo esta vertiente necesaria como un aprendizaje a la reducción de velocidad. Si es un adulto el que lee las andanzas de Teodosio al niño, puede jugar a que cierre los ojos e intente imaginarse a los personajes y los paisajes tal y como se detallan, aprovechando esa parte para cultivar el disfrute tranquilo de una descripción o recreación.

La segunda vertiente de "Las aventuras del jabalí Teodosio" es la de los valores. Como directivo de empresa, he leído durante años decenas de libros de desarrollo y mejora personal. Esto se ha unido a la formación de posgrado que he recibido sobre liderazgo y gestión, y a mi propia experiencia manejando equipos de personas. Ese acervo me ha servido no solo para mi trabajo, sino para mis relaciones personales y mi vocación de padre. Me he dado cuenta de que mucho de lo que he aprendido está completamente ausente en la educación durante la escuela primaria y también en los cuentos infantiles clásicos. Algunos de esos valores que he inyectado en las vivencias del jabalí son útiles para la vida profesional, otros para la personal, y alguna pequeña lección tiene que ver con aspectos que algunos consideran pasados de moda, pero que yo, sin embargo, creo muy necesarios, como los modales en la mesa.

Por último, como tercera vertiente, he añadido a las historias *gags* y bromas de brocha gorda. Caídas y coscorrones. Confusiones y torpezas. Travesuras de los personajes, todas ellas de esas que desatan la risa de los pequeños y hacen que, al terminar el cuento, les deje un regusto alegre y ganas de que llegue otro día para escuchar o leer más capítulos. Son el pequeño anzuelo, la cubierta de caramelo que envuelve las vertientes uno y dos que he explicado antes.

Los cuentos están pensados para ser leídos durante un viaje o de camino al colegio, para aquel que pueda hacerlo mientras otro conduce o en transporte público. O en cualquier otro momento tranquilo. Cada capítulo está dividido en dos o más partes, cuya lectura supone menos de diez minutos, pudiéndose realizar por separado y dejando la siguiente parte para otro rato u otro día. Recomiendo leerlos con entonación teatral, exagerada incluso, apoyándose en gestos y ruidos onomatopéyicos, sin miedo a alargar las pausas y a masticar incluso las palabras. A mí me dio buen resultado esa técnica que copié de la formación profesional que he recibido para hablar en público. Los niños un poco más avanzados en lectura pueden hacerlo por sí mismos.

Cada una de las historias tiene una sección de comentarios que pueden ayudar a un adulto a entender los valores y temas que se tratan en ese capítulo (la segunda vertiente de los cuentos, que menciono más arriba) y que se esconden en las diferentes metáforas. Recomiendo adentrarse en ellos antes de leerle el cuento al niño o de comentarlo con él, si es el propio niño quien lo va a leer.

Los valores que se incluyen en los cuentos son muy variados, pero se podrían dividir en cinco bloques. El primero de ellos es sobre la relación con uno mismo. Recuenta hábitos de higiene, orden, modales en la mesa, conveniencia de ejercicio físico, comer sana y moderadamente, etc. En muchas ocasiones, Teodosio es confundido e interpelado por otros como un cerdo en lugar de un jabalí y él repite siempre "no soy un cerdo, soy un jabalí". Es una frase que encierra una reafirmación de su idiosincrasia, de aceptación de ser quién es y de no estar dispuesto a renunciar a ello.

El segundo bloque habla de la relación con otras personas. Aquí se incluyen, sobre todo, aspectos como la actitud y comportamiento hacia los demás, empezando por el respeto y la amabilidad, el tener en cuenta a los otros en el transcurso de la vida cotidiana o la generosidad. Hay también conceptos de ética, escondidos detrás de frases sencillas, o pautas de comportamiento de los animales del bosque. Creo que la mayor parte de estas ideas las tengo implantadas desde la infancia y, por lo tanto, se las debo a mis padres.

El tercer bloque es un grupo de valores que tienen que ver con la actitud personal y dirección en la vida. Tener el coraje de perseguir tus sueños u objetivos, por ejemplo, es un tema importante en algunos capítulos. Disfrutar del camino y no solo de la meta, o tener el valor de aceptar cambios o probar experiencias nuevas. La actitud positiva y la aceptación de la realidad que no puedes cambiar aparecen también en las vicisitudes del jabalí. Las ganas de aprender de Teodosio son una constante en todas las historias. Muchas de estas ideas se las debo a mi mujer y a su gusto por la filosofía zen.

El cuarto bloque es un conjunto de ideas interiorizadas a raíz de mi posgrado en dirección de empresas y están sacadas del mundo corporativo, aunque son valores y tácticas que he podido comprobar que se pueden aplicar a la vida diaria. Incluyen cuestiones como el pensamiento estratégico y la toma de decisiones, el manejo de proyectos, la gestión por objetivos, la superación de dificultades, la búsqueda de soluciones negociadas para que todos ganen, el trabajo en equipo o el liderazgo mediante el ejemplo.

El quinto bloque, con raíces en mi profesión de ingeniero industrial, son herramientas e ideas sacadas de *Lean* y *Six Sigma*, esa filosofía de trabajo que llevó a las empresas japonesas a un espectacular éxito en los años 80 y que se ha extendido no solo por el sector industrial, sino también por el de servicios. Algunos de los conceptos incluidos en estas historias de Teodosio son el justo a tiempo (*Just In Time*), definición de puntos de reorden y gestión de inventarios por ayudas visuales, el bajar al terreno o *Gemba* (que me gusta traducir como gestionar manchándose las manos), el uso de procedimientos operativos (*Standard Work*), la tormenta de ideas, la experimentación o los eventos *Kaizen* de mejora continua. Se puede ampliar información sobre estos conceptos en Internet, pero la visión general de cada uno se transmite por sí misma en los episodios.

Aunque he agrupado las ideas y valores en bloques para explicarlas en esta introducción, los conceptos están convenientemente distribuidos por todos los cuentos de la manera que resultaba más propicia en cada historia. Prácticamente cada capítulo tiene una o más ideas de cada bloque arriba descrito.

En general, y como conclusión, estos cuentos tienen el objetivo de ser un enlace entre adultos en la mitad de su carrera profesional y sus hijos, como un libro de desarrollo personal puesto al nivel de niños en edad infantil. Pueden ser utilizados también en entornos escolares como libro de lectura y comentario.

A mucha gente le inquieta el mundo que dejará a sus hijos. Yo me conformo con preocuparme y ocuparme de las hijas que dejaré al mundo. Estos cuentos e ideas me ayudaron en esa tarea y los he puesto por escrito con la esperanza de que puedan apoyar a alguien más, de la misma manera que lo hicieron conmigo.

Teodosio es un jabalí

I

Teodosio es un jabalí que, como todo el mundo sabe, es algo así como un cerdo salvaje. Eso no quiere decir que sea muy bruto, sino que vive libre en un bosque, lejos de las ciudades. No es muy grande, aunque está un poco gordito, como casi todos los animales de su misma especie. Tiene pelos largos y tiesos de color marrón rojizo, y dos colmillos un poco retorcidos que le sobresalen de la boca aun cuando está cerrada. También su cola es enroscada y corta, y las pezuñas son de color oscuro, casi negro, brillantes. Destaca en él su mirada de pillo, a veces un poco desafiante y, en otros momentos, inocente y tierna.

A Teodosio le gusta comer frutos del bosque. Vive en uno donde hay abundantes bellotas, que ingiere crudas, solas o acompañadas de otros alimentos que encuentra. Cuando come, suelta pequeños e intermitentes gruñiditos, que son como cuando a los humanos les gusta la comida y dicen "mmm". Tiene una cama de paja en una pequeña cueva en un lugar apartado del bosque. Por las mañanas, cuando se despierta, se despereza, se estira, gruñe, se frota los ojos y sale de su guarida para que el sol de la mañana le acaricie tibiamente. Cerca de ella pasa un riachuelo tranquilo del que bebe agua cuando tiene sed, pero en el que, sin embargo, no se baña. Para hacerlo, se reboza en el polvo. No es que se refresque mucho, pero así los insectos se marchan y lo dejan en paz. Cosas de jabalíes.

Aunque vive solo, no se puede decir que Teodosio sea solitario. Tiene muchos amigos, que se encuentra en sus caminatas en búsqueda de bellotas o de lugares que explorar. Son otros animales del bosque, claro. Todos salvajes como él.

Vive feliz en el bosque, pero es un jabalí inquieto al que le gusta explorar y conocer cosas nuevas, y que se pregunta qué habrá más allá de aquellas colinas o cómo vivirá la gente en esas casas de las que sale humo en la lejanía. Por eso, un día decidió que estaría bien visitar a sus primos, los tres cerditos. Sí, los famosos protagonistas del cuento "El lobo y los tres cerditos". Aunque había leído y oído muchas cosas de esa historia, lo mejor era escucharla directamente en voz de sus protagonistas. Así que, sin pensárselo dos veces, se puso en marcha. Simplemente empezó a caminar hacia donde se pone el sol, donde sabía que vivían sus primos, con paso decidido, braceando con energía y silbando una canción alegre, que le salía por entre los colmillos, como de una flauta de madera un poco rota. Teodosio decidió disfrutar del camino y, de cuando en cuando, se paraba para saludar a un pájaro carpintero que estaba picoteando en un tronco, para refrescar sus patas en el río o para oler unas flores que crecían junto al árbol.

Llegó a la casa de sus primos, los tres cerditos, un poco antes de la hora de comer y llamó a la puerta con energía.

–¡Priiiimooos! ¡Priiimoooos! Abrid la puerta, que soy yo, vuestro primo Teodosio –dijo en voz muy alta. Tardaron en responder y a Teodosio se le pasó por la cabeza decir aquello de "si no abres, soplaré y soplaré...". Pero le pareció que no tendría ninguna gracia, así que esperó hasta que Lolo, el cerdito mediano, abrió la puerta. Llevaba puestas unas zapatillas de estar en casa con un pompón que imitaba a una bellota, que encantaron a Teodosio.

Su primo se mostró eufórico al verlo y se lanzó a la carrera para saludarlo. Desafortunadamente, Lolo estaba aún más gordito que Teodosio, así que, antes de que pudieran llegar a abrazarse, sus tripas chocaron como dos balones gigantes de aire: se comprimieron, se expandieron y Teodosio salió disparado hacia atrás, aterrizando en el huerto de lechugas que los tres cerditos tenían en el jardín. Al mismo tiempo, Lolo rodó hacia el interior de su casa, como un bolo en una bolera, derribando a su paso sillas, jarrones, lámparas de pie y otros objetos decorativos que solo los cerdos usan en sus casas, como fotos de forraje o de cochinillos haciendo surf.

Al oír el estrépito, Adolfo, el cerdito mayor, bajó corriendo la escalera muy asustado y preguntó:

–¿Qué pasa? ¿Qué ocurre?

Los tres cerditos tenían los nervios a flor de piel desde que el lobo intentara entrar en su casa sin permiso y con muy malas intenciones.

Lolo salió de detrás del sofá, donde había finalmente ido a parar, y pudo decir unas palabras tras el pequeño accidente:

–Estoy bien, estoy bien –dijo mientras se frotaba la espalda y el lugar de la cabeza donde se había golpeado con la lámpara.

Adolfo miró hacia la puerta abierta y vio en el marco una especie de monstruo de melena verde.

–¡Aaarggg! –gritó.

Venancio, el cerdito menor, que estaba en el baño, no pudo esperar más y salió corriendo, a trompicones, subiéndose los pantalones apresuradamente sin mirar, tropezándose con Adolfo, que en ese momento se incorporaba, y aterrizando sobre la alfombra de paja. Los dos miraron aterrados hacia la puerta, donde se perfilaba una silueta regordeta y con pelo verde.

–Tranquilos. Calma –señaló Teodosio–. Soy yo, vuestro primo del bosque, el jabalí –afirmó mientras extendía sus pezuñas pidiendo tranquilidad.

–Pero, pero… –balbuceó Lolo– ¿por qué tienes melena verde?

Teodosio se tocó el cabeza extrañado para descubrir qué tenía sobre ella. Era una enorme lechuga del huerto. Se la quitó muerto de risa y comentó a sus primos:

–Pero si es solo una lechuga.

Arrancó una de las hojas y le dio un mordisco, sin más, en parte para probar que era una lechuga y también porque ya empezaba a tener mucha hambre.

II

Tras el susto de la lechuga, los tres cerditos y su primo se sentaron en el sofá y se pusieron a charlar animadamente. Se reían de la confusión ocurrida a la llegada de Teodosio, pero también porque les había hecho mucha ilusión verse de nuevo. Hablaban sin parar, contándose cómo les había ido en esos meses pasados, cómo se encontraban ahora y qué planes tenían para el futuro. Como ya se había hecho la hora de comer, Adolfo propuso hacerlo fuera de la casa. A todos les pareció bien, así que sacaron una mesa plegable al jardín y empezaron a prepararlo todo. Justo en ese momento, Lolo se dirigió a su primo:

—Hazme el favor de poner los cubiertos.

Teodosio, muy contento de poder ayudar, agarró la mesa y la metió trabajosamente dentro de la casa. Adolfo lo miró extrañado.

—Pero, ¿qué es lo que estás haciendo? ¿no íbamos a comer fuera?

—Sí, pero es que Lolo me ha dicho que la ponga "a cubierto" —contestó Teodosio.

La incredulidad se adueñó de Adolfo en esos momentos, que no daba crédito a lo que estaba viendo con sus propios ojos.

—No puede ser, si ni siquiera está lloviendo —recalcó extrañado.

—Pues eso me ha dicho —replicó Teodosio.

En ese momento de la conversación, cuando intentaban ponerse de acuerdo en este malentendido, apareció Lolo y no pudo permanecer ajeno a ese pequeño intercambio de pareceres. Con la intención de poner remedio a una situación que no avanzaba, hizo una pregunta en el momento en el que el silencio se adueñaba del ambiente.

—Pero…, por todos los cochinos, ¿qué estás haciendo?

—Pues poner la mesa a cubierto —respondió el jabalí, aún sin ser consciente de su error.

Lolo resopló y su hocico de cerdito hizo un gruñido de fastidio. Dejó caer los brazos, miró hacia el cielo e intentó aclararle a su primo el porqué de su equivocación.

–¡Los cubiertos! Te he dicho que pongas "los cu-bier-tos" -pronunciaba casi sílaba a sílaba.

Teodosio puso cara de no entender absolutamente nada, entrecerró los ojillos y preguntó:

–¿Y se puede saber qué es eso?

Adolfo hizo notar a su hermano que Teodosio vivía en el bosque y que, por lo tanto, no conocería muchas de las cosas que se usaban en la civilización. Deberían tener paciencia y enseñarle. Lolo estuvo de acuerdo. Sacaron un cuchillo, un tenedor y una cuchara, y se pusieron a explicarle. Teodosio miraba los cubiertos como si los hubiera hecho aparecer un mago, recién salidos de su imaginación, pero al cabo de un rato ya creía que sabía usarlos.

Se sentaron todos a la mesa y empezaron a comer la ensalada. Teodosio intentó pinchar una aceituna, pero era tan redonda y lisa, que el tenedor se resbaló y la aceituna salió rodando por la mesa. Empezó a perseguirla, intentando clavarle el tenedor, pero la aceituna parecía estar viva. Nunca lograba ensartarla y seguía girando. ¡Pam, pam, pam! Teodosio seguía clavando el tendedor por todas partes, en pos de la aceituna y para espanto de sus tres primos.

–¡Basta, basta! –le urgió Venancio–. Vas a acabar clavándonos el tenedor a alguno de nosotros.

Teodosio se detuvo con el cubierto en la mano, apuntando para arriba como si fuese un espada de ceremonia.

–Mira –añadió Lolo– no puedes aprender a manejar los cubiertos en un día. Ten paciencia.

Su primo se calmó y se volvió a sentar. Tenía el hocico sucio, pero como estaba en una casa pensó que no sería oportuno limpiarse con el brazo, así que agarró un extremo del mantel y se frotó. Sus primos abrieron los ojos a la vez y, armados de paciencia, le sugirieron que utilizara la servilleta.

–Ah, pero… ¿este trozo de tela no era para taparse y no tener frío? –preguntó sorprendido Teodosio.

Adolfo meneó la cabeza suavemente de lado y dijo, mientras realizaba una demostración de lo que estaba explicando:

–No, mira. Es para limpiarse la boca. Así, pasándola de un lado a otro del hocico y luego dejándola sobre las piernas.

Teodosio hizo lo propio con la servilleta por la boca como si fuera a hacer un truco de magia pero, en vez de una paloma, al pasar la servilleta lo que salió fue un hociquillo reluciente.

–Aaasí. Muy bien –resaltó Lolo.

Como ya habían terminado de comer, se levantaron, recogieron todo y volvieron a entrar en la casa.

–Vamos a sentarnos un rato en el sofá para que nuestro primo nos cuente las novedades del bosque –sugirió Venancio. Todos estuvieron de acuerdo.

–Pero antes –interrumpió Adolfo– vamos a lavarnos los dientes.

Los tres cerditos subieron al piso de arriba para ir al baño, pero Teodosio se quedó sentado en el sillón con cara de disgusto. Ninguno de los tres hermanos se dio cuenta hasta que bajaron, ya con sus dientes relucientes, a sentarse en el sofá.

–¿Ya te has lavado los dientes? –le preguntó Adolfo.

–No –contestó su primo. Y se quedó callado.

–Puedes subir cuando quieras –añadió Lolo.

–Ya, pero es que…–dudaba Teodosio, que no encontraba las palabras exactas para expresar sus sentimientos.

–¿Qué pasa? ¿Cuál es el problema? –se impacientó Venancio.

–Pues que no me apetece nada lavarme los dientes.

–Aunque no te apetezca, lavarse los dientes es importante para mantenerlos sanos y que no empiecen a picarse e incluso acaben por caerse –afirmó Adolfo–. Estarías muy feo sin ellos y no podrías masticar ni comer muchas cosas ricas.

–Pero… –titubeaba Teodosio.

–No lo entiendo –se extrañó Lolo–. Antes de comer te lavaste las manos y la cara, y tú mismo dijiste que era importante asearse para no meterte suciedad en la tripa.

–Ya, pero los dientes son otra cosa. ¡El jabón sabe muy mal! –replicó Teodosio muy disgustado.

–¡Acabáramos! –soltó Lolo palmeándose el muslo varias veces mientras sus hermanos se echaban hacia atrás en el sofá, entendiendo por fin lo que estaba pasando–. Los dientes no se lavan con jabón, hombre, sino con pasta de dientes. Mira, ven. Sube conmigo al baño que te enseñaré cómo hacerlo.

Lolo le dio un cepillo a Teodosio, le puso un poco de pasta de dientes y, cogiendo su propio cepillo, le enseñó cómo debía moverlo: de arriba abajo en la hilera superior de los dientes, pero de abajo a arriba en la inferior. El jabalí se frotó con energía, enseñando mucho los dientes, como los monos cuando intentan sonreír. Luego se enjuagó ruidosamente, haciendo un sonido como el de una tromba de agua bajando por un desfiladero, y escupió el agua, por suerte, toda dentro del lavabo. Se miró al espejo satisfecho y preguntó:

–¿Así está bien?

–Eeerr. Muy bien –valoró Lolo– pero la próxima vez intenta hacer un poco menos de ruido al enjuagarte, ¿vale? Si lo haces así en el bosque vas a asustar a todas las ardillas.

– Vale –contestó su primo–. La verdad es que siento la boca mucho más fresquita y me he quedado muy a gusto.

–Claro. ¿Ves? –dijo Lolo.

Y a continuación le explicó que eso de lavarse los dientes, como otras buenas costumbres, costaba un poco al principio, pero que luego, una vez se habituaba uno a hacerlo, saldría solo.

III

Una vez finalizada la clase práctica sobre higiene bucodental, Teodosio y Lolo bajaron al piso de abajo, donde los otros dos cerditos esperaban en el sofá. Durante un buen rato, Teodosio les habló de su vida en el bosque. Las mañanas frías del invierno, pero agradablemente frescas del verano; el riachuelo del que bebía agua cuando tenía sed; cómo se refugiaba de las tormentas en su cueva; sus exploraciones por el bosque... Les contó que Aurelio el zorro seguía tan activo como siempre y que Valentina, su vecina la ardilla, saltaba de árbol en árbol como la mejor trapecista. También que cerca de su cueva había una encina que daba muchas bellotas, aunque a él le gustaban más las que se podían encontrar en un claro del bosque, a media hora de camino. Los tres primos le escuchaban encantados. Ellos siempre dormían dentro de la casa, en sus camitas, así que lo de hacerlo en una cueva, oyendo por la noche el ulular de los búhos, les parecía una aventura fascinante.

–Podéis venir cuando queráis –les propuso Teodosio–. En mi cueva hay sitio para los cuatro.

–Vale –contestó Lolo casi al instante–. Lo tendremos en cuenta para las próximas vacaciones.

Después de una larga charla, los cuatro primos decidieron jugar al parchís. Teodosio no conocía el juego y, cuando empezaron a explicarle las reglas, el muy glotón se entusiasmó al saber que durante la partida se podía comer.

–No te hagas ilusiones –le advirtió Venancio–. Lo de comer es en sentido figurado. En realidad no te comes la ficha. Solo la sacas del tablero.

–Pues vaya…–se decepcionó el jabalí–. ¡Ya me veía poniéndome las botas!

Sus tres primos se rieron de las ideas de Teodosio y, sin más, se pusieron a jugar, sorteando los colores de las fichas. Tiraron los dados una vez para ver quién obtenía el número más alto y comenzaba el juego. Lo sacó Lolo y empezaron a tirar uno tras otro. Ninguno sacaba un cinco, así que nadie había conseguido sacar ninguna ficha a las casillas. El jabalí se impacientaba.

–Tranquilo –comentó Venancio–. Por mucho que te inquietes no vas a conseguir que te salga un cinco. Solo conseguirás pasar un mal rato. Simplemente respira hondo y aprende a ser paciente.

Y tenía razón. Al cabo de pocos minutos, a Teodosio le salió un cinco y pudo empezar a mover su ficha por el tablero. Los cuatro primos ya habían entrado en juego. Al principio solo había 5 o 6 fichas, pero pronto se llenó el tablero y las dieciséis corrían por turnos, se atascaban en barreras o se perseguían unas a otras. Un jaleo. Lolo comió una de Adolfo, pero a continuación este hizo lo propio con una de Teodosio. Dos o tres tiradas después, fue Venancio el que se comió otra ficha de su primo. El jabalí se puso rojo de enfado.

–¡Esto es injusto! –farfulló Teodosio–. ¡Me habéis comido dos fichas casi seguidas!

Venancio se doblaba de la risa. Era muy contagiosa y la acompañaba de una de sus expresiones favoritas: "oink, oink". La pronunciaba a golpecitos cortos, como si estuviera dando saltitos sobre su culo. Lolo también se empezó a reír, pero el jabalí cada vez se enfadaba más. En ese momento Adolfo intervino:

–Cálmate, Teodosio. Nadie ha hecho trampas.

–Ya –reconoció el jabalí mientras intentaba pronunciar más palabras, aunque entrecortadas–. ¡Ppp pero es que así no voy a meter nunca las fichas en su casa!

–Jijiji –se oía a Venancio–. Cuando uno no está en su casa siempre puede venir alguien a intentar comerte ¡Si lo sabremos nosotros!

–Y qué más da que te hayan comido dos fichas, hombre –dijo Lolo–. Tú sigue jugando como si tal cosa.

A Teodosio no le convencía la idea. Seguía estando un poco nerviosito. Adolfo lo calmó, explicándole que, a fin de cuentas, solo se trataba de un juego. Que en ellos, uno ha de hacerlo lo mejor que sepa pero que, de todos modos, ya sea uno cerdo o jabalí, puede tener mala suerte ese día y perder, y que no por eso se cae el mundo.

–Hay que tomárselo con calma. ¿Entiendes? –dijo Lolo–. Se trata de pasárselo bien y reírse un rato, no de ponerse de los nervios.

El jabalí respiró hondo dos o tres veces y pareció tranquilizarse, con lo que el juego se reanudó como si nada hubiera pasado. Las fichas empezaron a correr de nuevo por el tablero. Teodosio le comió una a Venancio, quien se rio de la acción:

—Ya veía yo que acabarías por comértela. Le vendrá bien un rato de descanso en su casa. Había corrido demasiado -comentó animadamente. Y siguió jugando como si nada.

Teodosio empezaba a pasárselo bomba. Cada vez estaba más emocionado jugando y cuando sacaba un 6, hacía gala de su alegría con una frase que, afortunadamente para él, comenzó a repetirse:

—¡Seeeisss! Uno, dos, tres, cuatro, cinco y seeeis ¡Y vuelvo a tirar!

Cuando metió la primera ficha en la casa dio un salto tal que casi tira el tablero. Luego le comió una a Lolo y otra a Adolfo. Iba como un tiro. Lo que en un principio había comenzado mal, había cambiado con el paso de los minutos. Ya no era un desafortunado que veía cómo los otros jugadores avanzaban a pasos agigantados mientras él seguía aún a la espera de comenzar a moverse. Ahora era Teodosio quien estaba consiguiendo sacar, casi en cada momento clave, el número que necesitaba.

Su fortuna ya no cambió y terminó por ganar la partida. Estaba eufórico y empezó a dar saltos por la habitación.

—¡He ganado! ¡He ganado!

Los tres cerditos lo miraban con asombro, mientras él seguía pegando saltos por la habitación, de un lado a otro, desde la alfombra o desde una silla, hasta se subió al sofá y dio un brinco. Aterrizó sobre los muelles del sofá, pero se impulsó hacia arriba con todas sus fuerzas, que se sumaron a la de los propios muelles, con lo que salió disparado hacia arriba como un cohete y se pegó un coscorrón con el techo. ¡Croc! Se oyó y aterrizó sentado sobre la alfombra, con las piernas muy abiertas, un poco aturdido y frotándose la cabeza mientras no paraba de dolerse:

-¡Ay, ay, ay!

Adolfo, vista la situación y el tremendo golpazo, fue corriendo a por unos hielos para ponérselos en el chichón que empezaba a sobresalir entre los pelos de la cabeza, mientras Lolo le consolaba diciendo que no había sido nada y Venancio se tiraba por el suelo pataleando de la risa.

–Jajajaja. Me troncho. ¡Vaya coscorrón! ¡Teodosio, eres la monda!

A Teodosio no le hacía ninguna gracia. Seguía frotándose la dolorida cabeza, mientras Adolfo le aplicaba el hielo.

–¡Uuuy! ¡Ayyy! –decía el jabalí.

–Espero que esto te haya enseñado algo –le comentó Adolfo.

–Sí –respondió rápidamente–. Que el techo está ¡durísimo!

Adolfo suspiró, sin compartir la conclusión de su primo. Él no estaba hablando de la dureza del techo de su casa, sino de la enseñanza que había podido aprender tras ese golpe.

–Mfff. No me refiero a eso. Sino a que no te tomes las cosas de manera tan exagerada.

–Pues no sé lo que me dices –replicó Teodosio.

–Pues sí, hombre –amplió Adolfo–. Primero te agarraste un enfado monumental cuando te comimos dos fichas y luego, cuando ganas, te pones a dar saltos como un loco. Ni tanto ni tan poco. Hay que ser un poco más moderado, primo, un poco más tranquilo.

–Puede que tengas razón –reconoció por fin el jabalí.

–¡Claro que la tengo! –agregó de nuevo Adolfo–. Al menos ya te has calmado, aunque haya sido gracias a un coscorrón enorme. En cualquier caso, ya casi es la hora de dormir. Será mejor que nos vayamos a la cama.

Los tres cerditos le prestaron un pijama a Teodosio. Era uno viejo de Venancio, le quedaba un poco pequeño y se le salían un poco los pelos entre los botones. Parecía una morcilla marrón y peluda. Pero no tenían otra cosa y, por otro lado, era muy suavecito y olía muy bien, así que se lo dejó puesto y se fueron a dormir.

Teodosio se quedó muy tranquilo, tumbado boca arriba sobre la cama, con el chichón un poco dolorido aún y pensando en todas las cosas que había vivido ese día con sus primos. Cerró los ojos y se durmió, soñando con fichas de parchís, que se cepillaban los dientes después de comerse a otra ficha.

Temas tratados

- Usar diferentes fuentes de información.
- Disfrutar del camino tanto como del destino.
- Modales en la mesa.
- Higiene personal.
- Competitividad bien entendida.

Comentarios

El primer capítulo de las aventuras de Teodosio sirve como introducción a los personajes que le acompañan en el bosque y también como una descripción de la vida del jabalí y de su mundo. No se produce una introducción de conceptos muy complicados, sino que está caracterizado por un buen número de episodios de tropezones y coscorrones, en cantidad superior al de capítulos posteriores. Aun así, contiene algunas ideas interesantes de transmitir.

La primera de ellas es la conveniencia de acudir a varias fuentes para estar bien informado. Teodosio había oído diversas historias sobre los tres cerditos y el lobo, pero decide ir a visitar a los protagonistas y piensa que ellos le relatarán de primera mano los sucesos del cuento. Aunque a primera vista parezca un consejo elemental, resulta más necesario y actual que nunca.

Existe hoy en día una sobreexposición a información sin contrastar y a fuentes de dudosa procedencia y credibilidad.

El reto actual y futuro es ser crítico con todo aquello que se recibe, analizarlo y cuestionarlo, y verificar que la procedencia es completamente fidedigna. Elegir bien significa buscar varias alternativas fiables. En algunos países se está legislando para obligar a los grandes gigantes de Internet (Facebook, Twitter, Youtube, etc.) a revisar los contenidos que los usuarios publican, haciéndolos responsables de posibles discursos de odio, racistas, engañosos o peligrosos para la salud. El problema radica en que a veces es difícil determinar cuándo o qué pasa la raya de lo peligroso, y es fácil caer en exceso de celo y acabar en recortes injustificados de la libertad de expresión. Lo ideal, por supuesto, es que el lector o internauta tenga toda la capacidad crítica para filtrar él mismo la información falsa o perniciosa. Si las futuras generaciones no son capaces de discernir por sí mismas, acabarán por delegar estas tareas en organismos gubernamentales, con el consiguiente riesgo de manipulación por parte de esas administraciones y de pérdida de libertad de información, que es una de las bases de las sociedades libres.

La segunda idea presente en el cuento es la de disfrutar del camino en un viaje y no solo del destino, como hace Teodosio al tomarse tiempo para parar en su recorrido a la casa de sus primos. El turismo en las décadas finales del siglo XX e iniciales del XXI no ha hecho sino crecer continuamente. Los viajes al extranjero, que eran completamente infrecuentes hasta bien entrada la centuria pasada, se han convertido en moneda corriente en países desarrollados y en vías de desarrollo. Sin embargo, esta evolución hacia el turismo de masas ha llegado a veces a convertirse en una carrera sin sentido por llegar a un destino, hacerse varias fotos y compartirlas en las redes sociales, como si fuera un concurso televisivo de la caza del tesoro.

En contraste con esa tendencia, uno de los aspectos que más me gustaba de los viajes del coro universitario, en los años en los que fui cantante aficionado, era que cuando viajábamos a un país para una gira lo hacíamos con bajo presupuesto y ello nos obligaba a recovecos, tramos largos en autobús sin otro plan mejor que mirar el paisaje por la ventana o charlar con los otros cantantes y, sobre todo, a hospedarnos en lugares insospechados, desde clubes deportivos en Rosario (Argentina), hasta un seminario en Málaga o una residencia universitaria en Portugal o Polonia. Incluso a veces nos alojábamos en las casas familiares de los coralistas con los que hacíamos el intercambio. Eso nos hacía penetrar en la vida de la gente común de la región que visitábamos y conocer el país como ningún turista de turoperador podría hacerlo. A ello se unía el dar conciertos en una iglesia ortodoxa búlgara o en un salón del Teatro Colón de Buenos Aires (Argentina), también en un auditorio universitario de Lille (Francia) o de Valdivia (Chile). A ninguno nos importaba hacernos la foto en un punto turístico conocido porque el destino del viaje nunca era un lugar famoso. Sin embargo, todos disfrutábamos increíblemente con esos giros inesperados y lugares imprevistos encontrados durante la expedición. Quizás sea mejor volver a esas aventuras en los que el destino no es tan importante como el viaje en sí.

En este capítulo se habla también de un tema que puede parecer pasado de moda y provocar un alzado de ceja escéptico en algún lector, como son los modales en la mesa y la higiene personal. Recuerdo que un grupo de compañeros de carrera fuimos en alguna ocasión a la segunda residencia que los padres de uno de nosotros tenían en Peñafiel (Valladolid). Era una casa de campo entre cuyas estanterías de libros, con décadas de antigüedad y polvo en sus lomos, se encontraba uno de urbanidad y buenas costumbres. Mientras asábamos las chuletillas de lechazo en una parrilla, nos reíamos muchísimo leyendo en voz alta aquellas normas tan anticuadas, que dictaban hasta la disposición que había que adoptar para caminar por la calle en grupo. Tenía en consideración cualquier combinación de personas como, por ejemplo, dos hombres y una mujer, o dos mujeres y un hombre, de según qué edades.

En el extremo contrario, en la sociedad norteamericana, donde ahora vivo, se prima el sentido práctico y se ignora el juicio que los demás puedan hacer del comportamiento, modales o aspecto de uno. Si bien esta actitud puede ser muy liberadora, también puede llevar al espectáculo de personajes en pijama comprando en el Wall-Mart o comiendo en un restaurante y vistiendo una camiseta con varios rotos. Incluso hay una página web (www.peopleofwalmart.com) que colecciona fotografías de clientes estrafalarios de estas grandes superficies.

Creo que los modales deben adquirirse desde niño buscando la virtud en el punto medio. Si bien no deben llevarse al extremo de ser esclavizantes o exagerados, o de no poder romperse cuando la ocasión lo aconseje, una persona que carezca de ellos causa una mala impresión, a veces inconscientemente, de la que es difícil librarse. Siguiendo el dicho, no hay una segunda oportunidad para causar una primera buena impresión.

Por último, este primer capítulo dedica una buena parte al juego (en este caso el parchís) como metáfora de la competencia. Hay una corriente de pensamiento actual que contrapone la competitividad a la colaboración, colocando a la primera como la actitud a evitar y la segunda como la que, de adoptarse por la mayoría, libraría a la humanidad de todos los males que la aquejan. Naturalmente, cuando vamos a comprar un bien o contratar un servicio, todos, incluidos los detractores de la competitividad, elegimos el que nos ofrece una mejor relación calidad-precio y es, por lo tanto, el más competitivo. Es más, en entornos como el deporte o el juego, si desaparece la competencia se pierde por completo el propósito de la actividad.

Tras discutir y pensar largamente sobre el asunto, he llegado a la conclusión de que el problema de la competitividad mal entendida viene de tomar ante la competencia una actitud de ganar a toda costa y de caer en la desesperación, o llevar incluso a la trampa, si se pierde. Lo que intenta explicar este capítulo es cómo ser competitivo, pero manteniendo el *fair play* y aprendiendo tanto a perder como a ganar con elegancia. Para mí, lo ideal es colaborar para competir, hacerlo de manera sana y justa, utilizando las derrotas para aprender y las victorias para dar ejemplo de ganar con elegancia.

Teodosio y sus primos, de compras en el súper

I

Cuando Teodosio se despertó, la luz matutina ya entraba por las rendijas de la persiana y dibujaba rayas oblicuas en la pared. Al principio creyó que estaba en su cueva del bosque, pero enseguida se dio cuenta de que se encontraba acostado sobre un colchón, mucho más blandito que su cama de paja. Entonces se acordó de que estaba en casa de sus primos, a donde había ido a pasar el fin de semana, y del día tan divertido que había vivido, comiendo con ellos en el jardín, contándoles detalles de su vida en el bosque y jugando al parchís.

Se incorporó de la cama de un salto y estiró las pezuñas hacia el techo mientras bostezaba. La habitación en la que había dormido estaba en el piso de arriba de la casa de Adolfo -la famosa vivienda de ladrillo y cemento del cerdito mayor, que el lobo no había podido derribar con sus soplidos-. Tenía las paredes decoradas con árboles pintados, que le recordaban al bosque, y había un aparador de madera donde había guardado su ropa. Por la escalera subía un suculento olor a tortilla de calabacines que procedía de la cocina, atravesaba por debajo de la puerta de su dormitorio y pasaba por debajo de su hociquillo.

Sabía que era tortilla de calabacines porque era uno de sus platos favoritos y su primo Venancio, el cerdito más pequeño, le había prometido que cocinaría una para desayunar. Entonces se dio cuenta de que sus tripas rugían y de que tenía mucha hambre, así que, sin esperar más, salió en dirección a la puerta, la abrió y empezó a bajar las escaleras, que arrancaban justo al salir de su dormitorio. Desde arriba pudo ver que sus primos ya se encontraban sentados a la mesa y charlaban animadamente. Pero solo pudo ver eso porque, con las prisas por bajar a desayunar, al salir de la habitación la sábana se le había enredado entre las pezuñas. En cuanto bajó el primer escalón, se tropezó y se cayó rodando escaleras abajo, mientras la sábana se iba enrollando alrededor de su cuerpo.

Mientras tanto, sus tres primos, que estaban tomándose unas naranjas antes de hincar el diente a la tortilla, oyeron un estrépito en la escalera, miraron hacia allá y vieron una especie de bola blanca que venía hacia ellos a toda velocidad y desde la que se oía "uhhhh, ahhhh, uuuyyy". Se pegaron un susto de muerte, pensando que era un fantasma que les atacaba. Incluso Lolo, normalmente muy tranquilo, se había incorporado de su asiento, muy nervioso, dispuesto a salir corriendo. Teodosio llegó rodando hasta la mesa, se incorporó de un salto, se quitó la sábana de encima de un tirón y, mientras se frotaba su dolorido trasero, dijo:

–¡Buenos días!

Sus tres primos le miraron con los ojos muy abiertos y fue Venancio el que habló.

–Buenos días, Teodosio. ¿Siempre haces este tipo de entradas espectaculares en todos los sitios?

–Sí. Digo no –replicó Teodosio–. Bueno, a veces. La verdad es que no lo tenía planeado. Tenía mucha hambre, olí la tortilla, la sábana se me quedó pegada y… En fin, que quería bajar las escaleras deprisa. ¡Pero no tanto!

Lolo meneó la cabeza lentamente para los lados, mientras lo miraba y lamentaba el aspecto que presentaba, aún medio dormido, un poco legañoso, magullado y con parte de la sábana enredada a sus pies.

–Nos hemos dado cuenta -le comentó-. Por poco te rompes la cabeza.

–De verdad que no pensábamos comernos toda la tortilla. Te hubiéramos guardado una buena ración. No era necesario que bajaras la escalera como una avalancha de nieve. Casi te matas -añadió Adolfo.

–Ya –reconoció el jabalí un poco avergonzado–. Siento el susto.

–No pasa nada –replicó Adolfo con el objeto de quitar hierro al asunto–. Mira, mejor subes otra vez arriba, te lavas la cara para que puedas abrir bien los ojos, te peinas esos pelujos revueltos que tienes entre las orejas y vuelves a bajar. Tranquilo, sin prisa, que nosotros te esperamos para desayunar.

Teodosio se había dado cuenta de que se había precipitado un poco con lo del desayuno. Está muy bien levantarse con energía, pero hay que asearse un poco antes que nada. Subió las escaleras con la sábana arrebujada bajo el brazo, la estiró cuidadosamente sobre su cama y luego pasó al baño a acicalarse. Una vez terminada esa tarea, se reunió con sus primos alrededor de la mesa del desayuno, se sirvió un vaso de zumo y empezó a dar cuenta de la ración de tortilla que le acababan de servir en su plato.

Los tres cerditos tenían la costumbre de organizar los alimentos muy bien en la despensa. Todos ellos estaban perfectamente colocados en fila. Detrás de un paquete de arroz había varios más. Tras una botella de zumo de naranja estaban las demás de ese mismo zumo. Al lado de la de naranja, estaba la de manzana y después de esa, en fila, el resto. Colocaban un papelito rojo antes del último paquete o botella y así, al usar el penúltimo, el papel rojo aparecía y les advertía de que tenían que comprar más.

–Se nos está acabando la comida –advirtió Adolfo entre mordiscos al pan, mirando de reojo varios papelitos rojos que se veían en la despensa–. Tenemos que ir al supermercado hoy, sin falta.

Sus dos hermanos asintieron con la cabeza y Teodosio los miraba sin decir nada. Él nunca había ido a uno. Siempre encontraba la comida que necesitaba en el bosque. Pero claro, ahora no estaba en su casa. Las cosas en las vidas de los tres cerditos seguramente funcionaban de otra manera.

–¿Puedo ir yo también? –preguntó Teodosio–. Nunca he ido a un supermercado.

–¡Claro! Así nos puedes ayudar a traer las bolsas –dijo Venancio.

–En cuanto terminemos de desayunar, nos preparamos y salimos –propuso Adolfo.

Justo a continuación y sin tiempo para que nadie pudiera decir nada más, el cerdito mayor puso su atención en Teodosio, a quien iba a darle más explicaciones acerca del plan previsto:

–El súper, que así se pueden llamar a esos establecimientos, está cerca. No es necesario coger el bus. Caminando diez minutos estaremos allí y así hacemos un poco de ejercicio. No nos vendrá mal –relató mientras se pasaba la mano por la tripa y miraba de reojo la de Lolo. Este dejó de masticar y se miró la barriga durante dos segundos. Debió de pensar que no tenía mucha porque se encogió de hombros y siguió masticando la tortilla de calabacín parsimoniosamente.

II

Cuando terminaron de desayunar, Teodosio y sus primos recogieron los platos. El jabalí les ayudó encantado. Pensó que, ya que se estaba quedando en casa de Adolfo, era bueno echarles una mano, a pesar de que él no estuviera acostumbrado a fregar la vajilla y los cubiertos. Así acabaron antes de recoger y pronto estuvieron en la puerta, con las bolsas de la compra listas.

Hacía un día estupendo, soleado, pero sin demasiado calor, y había muchos animales por la calle. Los cuatro iban charlando animadamente cuando llegaron a un semáforo. Estaba rojo para los peatones, así que los tres cerditos se detuvieron. Teodosio, sin embargo, no había visto nunca uno y dio un paso adelante. Un autobús venía a toda velocidad. En el último momento, Venancio le agarró por los pelos de la espalda y tiró de él hacia atrás. Adolfo y Lolo observaron la escena con los pelos de punta y un susto monumental.

–¡Cuidado, Teodosio! –gritó Lolo, que se vio obligado a salir de su calma habitual.

–Uy, uy, uy. ¿Habéis visto ese autobús? –dijo el jabalí–. ¡Casi me atropella!

–Pues claro que lo hemos visto –sentenció Adolfo temblando todavía del susto–. Pero no es que fuera deprisa, es que tú estabas cruzando en rojo. ¿Es que te has vuelto loco?

Teodosio no entendía muy bien lo que había sucedido y, precisamente por ello, Venancio intentó explicárselo:

—No se puede cruzar cuando el muñeco del semáforo está en rojo. En ese momento es cuando los coches pasan. Si te pones a hacerlo puede que no les dé tiempo a frenar y te pasen por encima.

—Picadillo de jabalí —añadió Lolo dramáticamente mientras movía el brazo de izquierda a derecha como si el autobús estuviese pasando-. Y se acabó Teodosio. Caput. Se fini.

Teodosio estaba asustado y temblaba un poco, sensación provocada por los nervios que había pasado por esa situación tan peligrosa. Mientras se preocupaban por el estado de su primo el jabalí, el semáforo, ahora sí, había cambiado tanto para vehículos como para peatones. Hecho que anunció Venancio:

—Ahora que está verde podemos cruzar.

Y se pusieron a atravesar la calle. El problema fue que, entre interesarse por Teodosio y darle una explicación, se entretuvieron demasiado y, cuando empezaron a cruzar, el muñeco ya llevaba unos segundos en verde, de manera que antes de llegar a la acera de enfrente el semáforo se puso rojo de nuevo. Los tres cerditos aceleraron el paso para alcanzarla, pero a Teodosio le habían dicho que en rojo no se podía cruzar, así que se quedó como congelado donde estaba, antes de llegar al otro lado de la calzada.

El semáforo se iluminaba de nuevo en verde para los coches, pero allí estaba el jabalí en el medio, plantado como un árbol, así que los conductores empezaron a pitar insistentemente y a gritar por la ventanilla: "¡fueeeraaaa! ¡largo de ahiiiií!".

–¡Teodosiooooo! –chillaba Venancio–. ¡Sal de ahí! ¡Ven a la acera inmediatamente!

El jabalí, muy quieto y sin apenas mover la boca murmuró:

–No puedo avanzarrrr. El muñeco está rojooooo.

–¡Que se quite de ahí ese cerdooo! –gritaba el conductor que estaba detenido justo frente al jabalí, incapaz de poder esquivarlo para continuar con su marcha.

Teodosio dio un respingo, se giró hacia el conductor, puso sus brazos en jarras y, marcando muy bien todas las sílabas, le aclaró:

–No soy un cer-do. ¡Soy un ja-ba-lí!

Lolo se dio un palmetazo en la frente. No se podía creer lo que estaba pasando. Venancio volvió atrás y empujó a Teodosio para llevarlo a la acera. Los tres cerditos hablaban a la vez y le explicaban a su primo nerviosamente que había que cruzar cuando vieran el muñeco verde, pero que, si cuando ya estaban cruzando se ponía rojo, lo que había que hacer era cruzar a toda prisa a la acera más cercana. NO quedarse plantado en el medio de la calle.

Adolfo fue más allá y le añadió que podía fijarse en cuándo los coches tenían el semáforo en amarillo porque eso quería decir que pronto estaría en rojo y se pondría verde el de los peatones. Teodosio miraba a sus tres primos alternativamente y se iba poniendo del color de una lombarda. Bajó los brazos, apretó lo puños y soltó buena parte de los nervios que aún tenía acumulados:

–¿Rojo?¿Amarillo?¿Verde? ¡Morado! ¡Morado me estoy poniendo yo de oíros a los tres hablarme a la vez! Grrrr.

Los tres cerditos se dieron cuenta de que se habían alterado, aunque con razón. Ya más calmados, Adolfo le explicó que lo único que tenía que hacer era esperar a que el muñeco estuviera verde, comprobar que los coches se habían parado y entonces cruzar ligerito.

Ya, sin más sobresaltos, los cuatro llegaron al súper. Decidieron dividirse para ser más eficientes. Adolfo se fue a la sección de lácteos, Lolo a la de frutas y verduras, y Venancio se encargó de ir a comprar algunos utensilios de cocina que necesitaban. El jabalí decidió acompañar a Lolo. Se verían, dijeron, en quince minutos en la sección de panadería. Teodosio y su primo mediano fueron caminando hacia su zona, empujando un carrito, que le pareció muy divertido al jabalí. Propuso a Lolo hacer una carrera por el pasillo, pero el cerdito consiguió convencerle de que no era buena idea.

–Podemos atropellar a alguien y, además, antes de que eso ocurra, probablemente nos acabarían echando del súper –advirtió–. Aquí hay más gente. Hay que pensar en los demás. ¿Sabes?

Habían llegado a la sección de frutas y verduras, y Lolo estaba decidiendo si llevarse unos puerros o, en su lugar, unas cebolletas, cuando detrás de él oyó a alguien masticando. Temiéndose lo peor, se giró y comprobó con horror que Teodosio estaba zampándose tranquilamente una lechuga. La sujetaba con las dos manos y se la iba metiendo en la boca con una gran sonrisa de felicidad.

–Pero Teodosio, ¿qué…qué estás haciendo? –dijo Lolo.

El jabalí empezó a masticar cada vez más lento hasta que se paró y se quedó mirando a su primo con cara de sorpresa. Una hoja de la lechuga se le había quedado colgada de uno de sus enroscados colmillos.

–¿No lo ves? Me estoy comiendo una lechuga.

–¡No puedes hacer eso!

–¿Por qué no? Está muy rica.

–Pero es que esa lechuga no es tuya.

–Entonces –le rebatió Teodosio– ¿para qué hemos venido al súper? Yo pensaba que habíamos venido a por comida.

Lolo empezaba a ponerse nervioso por lo surrealista de la situación que estaba viviendo. Casi no le salían las palabras adecuadas para ese momento:

–¡No! Digo sí. ¡Pero así no! Deja esa lechuga donde estaba, por favor.

–Es que ya me la he comido –le explicaba mientras cogía una hoja de lechuga que estaba colgada de su colmillo–. Puedo devolver esto.

Lolo le aclaró que ni de broma. Que estaba babeada y rota, que mejor se la terminara. Así que Teodosio se la comió, sintiéndose un poco culpable.

–Entonces, ¿me vas a decir a qué hemos venido al súper? –preguntó Teodosio.

–Hemos venido a coger comida, pero no a comérnosla aquí.

–Está bien, está bien –Teodosio alzó sus pezuñas en señal de paz–. Ya no comeré más.

Al cabo de un rato, se reunieron todos en la sección de panadería. Adolfo traía en una cesta leche, yogures y un queso enorme. Venancio tenía un juego de tenedores y un encendedor para la cocina. Lolo y Teodosio traían mandarinas, peras, un melón, una lechuga, puerros y pimientos. Cogieron pan y se dirigieron todos hacia las cajas. El jabalí iba en cabeza y pasó delante del cajero con su cesta, mirando hacia adelante. Este lo miró atónito, como si no pudiese creer que alguien tuviese la caradura de pasar delante de él con una cesta de la compra sin pagar.

–Teodosio, espera –oyó decir a Adolfo.

–¿Qué pasa? –contestó sorprendido.

–Se te ha olvidado pagar.

–¿Se me ha olvidado el qué? –consultó Teodosio confuso.

El que ya no se lo podía creer era Adolfo, que tuvo que explicarle que antes de irse del súper tenía que pagar en la caja por todo lo que iban a llevarse. Al jabalí le pareció un poco raro. Primero no podía comerse la comida y luego tenía que pagarla antes de tan siquiera haber podido hincarle el diente. Es lo que tiene vivir como animal salvaje en el bosque, que uno no se entera de las costumbres de la civilización. Teodosio no sabía lo que era el dinero y sus primos tuvieron que explicárselo. Afortunadamente, los tres cerditos se hicieron cargo del pago y pudieron salir del establecimiento sin problemas.

III

De vuelta a casa y respetando todas las luces de los semáforos, según le habían enseñado sus primos, Teodosio iba pensando que la vida civilizada era, sin duda, mucho más complicada que la del bosque. Allá no existían los semáforos ni los autobuses, ni se necesitaba dinero. Pero se alegraba de haber ido a visitar a los tres cerditos. Era divertido estar con ellos y aprender todas esas cosas nuevas.

Cuando llegaron a casa, Teodosio se sentía cansado, así que se dejó caer en el sofá, soltando un soplido. Los tres cerditos subieron al piso de arriba a lavarse y a ponerse cómodos para pasar el resto del día en casa. El jabalí, por su parte, estaba muy tranquilo, con las pezuñas delanteras entrelazadas sobre la tripa, la cabeza echada hacia atrás en el sofá y mirando al techo, donde había una arañita tejiendo su tela.

De repente sonó un timbrazo en la puerta y Teodosio se puso de pie de un salto. Menudo susto. ¿Quién podría ser? Se dirigió a la puerta y echó un vistazo por la mirilla. Quería asegurarse de que quien llamaba no era una amenaza para sus primos ni para él. A través del agujero pudo ver que era una garza, así que abrió la puerta sin miedo. Era una hermosa ave que estaba plantada delante de la puerta. Tenía unas plumas blanquísimas y muy alisadas, un cuello muy largo y elegante, se apoyaba solo en una pata y con una de sus alas sujetaba un tarro de cristal vacío. La garza habló:

—Buenos días. No tengo el gusto de conocerle, pero quería saber si podrían darme un poco de sal porque…

No pudo terminar la frase porque Teodosio la interrumpió:

—¡Me ha dado un susto de muerte! Si quiere sal vaya al súper a por ella. ¡Ah, y no se le olvide pagar antes de salir!

¡Pammm! Dio un portazo y se volvió al sofá muy dignamente, farfullando algo sobre caraduras que querían comida gratis y daban timbrazos en las puertas. Antes de que pudiera sentarse de nuevo, vio a Adolfo y Lolo que bajaban por la escalera preguntando quién había llamado al timbre. Teodosio les explicó que solamente era una garza pesada que pedía no sé qué cosa, pero que ya no tenían de qué preocuparse porque le había dado con la puerta en las narices, o más bien en el pico. Sus dos primos le miraban con cara de espanto.

–¿Una garza? ¿En la puerta? –preguntó Adolfo–. ¡Pero si es la garza Eufrosina, la vecina!

Y corrió a la puerta para abrirla de nuevo y encontrarse con ella. Estaba plantada aún allí con cara de asombro. No sé podía creer que le hubieran dado con la puerta en las narices. O en el pico.

–Esto es indignante –no paraba de repetir–. Ni siquiera he podido terminar de hablar. Me ha dejado aquí plantada. ¿Qué clase de cerdo es este?

–¡No soy un cerdo! –saltó Teodosio desde el sofá–. ¡Soy un jabalííííí!

–Está bien, está bien –replicó Venancio, que también había llegado a ver qué pasaba–. No lo pongas peor.

–Yo solo quería saber si me podían dar un poco de sal. Se me ha terminado la mía y las tiendas están ya cerradas. Pero este cerdo, o jabalí, me ha cerrado la puerta en las narices. Digo en el pico.

–Discúlpele usted, señora Eufrosina –suplicó Adolfo–. Es que es un jabalí y no está acostumbrado a vivir en la civilización. Ahora mismo le llenamos su tarro. No faltaba más.

Venancio estaba escondido detrás de una lámpara muriéndose de la risa. Mientras, Lolo llenó el tarro de Eufrosina de sal y se lo entregó. Teodosio se sintió avergonzado y le pidió disculpas por su maleducado comportamiento anterior y la garza se fue, ya más tranquila, caminando armoniosamente con sus largas patas y el tarro bajo una de sus alas.

Adolfo le explicó a Teodosio que uno debe ser amable con los vecinos y ayudarlos cuando lo necesiten, no mandarlos a la porra a la primera de cambio. Claro que el jabalí no podía saber que la garza era su vecina, pero al menos podía haberle dejado explicarse. Sin duda, Teodosio aún tenía cosas que aprender.

- Organizar tareas cotidianas.
- Rigidez de normas.
- Respeto a los demás en lugares públicos.
- Amabilidad con los vecinos.

Comentarios

Este capítulo, de manera análoga al primero, abunda más en episodios divertidos que en enseñanzas, pero no está exento de ellas. La primera aparece cuando se explica cómo los tres cerditos tienen organizada una despensa de tal manera que saben, inequívocamente, el momento en el que tienen que comprar más comida. La llegada del último envase como antesala de una certeza: la necesidad de reponer sus víveres.

Esta descripción está inspirada, aunque evidentemente es una versión extremadamente simplificada, en los sistemas de organización de inventario *Kanban*, en la filosofía de producción *Lean*. En realidad, el ejemplo del cuento se limita a definir un punto de reorden (que es cuando solo queda en la despensa un artículo de una clase específica) con un sistema de identificación que es la hojita roja colocada entre el último y penúltimo paquete en la despensa. Aunque pueda parecer moderno, algunos métodos de este tipo son muy antiguos.

En el caso del papelito rojo que narra el cuento, me inspiré en una lectura de la novela "La hoja roja", de Miguel Delibes, en la que describe cómo, en los antiguos paquetitos de papel de fumar, el fabricante introducía uno de ese color que aparecía cuando el usuario había alcanzado los cinco últimos del envase. De esa manera indicaba al fumador la conveniencia de ir comprando otro paquete.

En general creo que la vida doméstica ofrece muchas oportunidades para la aplicación de prácticas Lean, cumpliendo un doble objetivo: facilitar las tareas diarias e imbuir el espíritu de eficiencia característico de esa filosofía de trabajo en los niños.

Durante mi etapa de estudiante de bachiller aficionado a la ciencia y tecnología, vi una escena (no recuerdo en qué película) en la que unos ingenieros programaban un robot para cruzar el paso de peatones en verde y detenerse cuando estaba rojo. El problema de los robots y los sistemas informáticos es que siguen un conjunto de normas estrictas. En la película, a mitad del recorrido, el semáforo se ponía rojo para los peatones (y lógicamente verde para los coches) y el autómata se detenía en mitad de la calle para desesperación de los conductores.

Eso exactamente es lo que le pasa a Teodosio en el cuento, ejemplificando el estilo de pensamiento hasta ahora limitado de las máquinas, capaz de ser esquivado por los humanos en virtud de nuestras habilidades de pensamiento abiertas, que intentan recrearse con la inteligencia artificial. Naturalmente, esto sirve como advertencia de que los humanos no somos robots, en el sentido más limitado de la palabra, y hemos de ser capaces de darnos cuenta de cuándo una regla ya no es aplicable porque no se estableció para tratar con la situación que estamos viviendo. Este episodio puede servir para enfatizar en los más pequeños la necesidad de respetar los semáforos.

La parte cómica la extraje de un chiste que mi hermano mayor me contaba de niño mientras hacía manualidades de marquetería, cortando láminas de madera de ocumen con una sierra de pelo, que yo le hacía repetir una y mil veces. Como la mayor parte de los contenidos del capítulo uno y dos de las aventuras de Teodosio, no es más que una versión más de una vieja historia que puede remontarse a la fábula "El ratón de campo y el ratón de ciudad", escrita por Esopo y que ejemplifica la sorpresa y desconcierto del habitante del mundo rural ante los usos y costumbres de la ciudad.

Aunque es un tema que está tratado en un capítulo posterior, en esta historia también se habla del respeto a los demás en los lugares públicos. El asunto aparece al proponer el jabalí organizar una carrera de carritos de la compra por el súper, pidiéndole su primo que no lo hiciera porque molestaría a los demás. Lamentablemente cada día abundan más los padres que educan a sus hijos con pocos límites, bien por dejadez o bien por decisión deliberada, intentando crear una suerte de personalidad expansiva que acaba por ser muy irritante y fuente de toda clase de conflictos en la vida adulta, cuando se encuentran dos personas que se creen con derecho preferencial a todo y chocan en su intento de salirse con la suya. A este problema se añade el de que, en algún momento de las últimas décadas, la sociedad ha evolucionado en una dirección que asume que el único que puede llamar la atención a un niño es uno de sus padres. Me parece un error garrafal y estoy de acuerdo con el proverbio popular que indica que "para educar a un niño hace falta la tribu entera". Creo que debemos hacer el ejercicio de humildad de dejar que otro adulto reprenda a nuestro hijo cuando hace algo mal, ya sea su maestro (evidente), el portero del edificio o un viandante cualquiera. Dando un salto al mundo empresarial, es imposible que solo el jefe, o un mentor, guíe el camino de un profesional. Todos necesitamos de la tutela, consejo y apoyo del resto de la organización, en cualquier nivel. Aconsejar o señalar el error de alguien es incómodo, pero es algo en lo que debemos entrenarnos para implantar la mejora continua.

Por último, también se habla del comportamiento hacia los vecinos. En las comunidades de hace unas décadas, los residentes se conocían desde hacía muchos años. Se comprendían y apoyaban. Este tipo de complicidad se ha ido desvaneciendo en la vida actual, en la que cada vez más las nuevas tecnologías nos permiten relacionarnos con la gente que elegimos, así vivan al otro lado del océano, en lugar de la gente cercana.

He experimentado esto de manera agravada al cambiar de país. John Dos Passos, escritor americano amante de España, explicaba el contraste contrario, que comprobó al vivir en España: que la vida mediterránea era mucho más social que la de los países anglosajones, donde la gente llevaba muy pocas generaciones viviendo en ciudades y, por lo tanto, seguía comportándose hacia los vecinos con la desconfianza de quien aún reside en una cabaña aislada en mitad de un bosque hostil. Efectivamente, durante más de un año viviendo en mi casa de Florida (Estados Unidos) solo intercambié una breve conversación con el vecino de al lado, a cuenta de un huracán monumental que se nos venía encima. No volvimos a hablar y un buen día, meses después, su familia se mudó y ni siquiera se tomaron la molestia de despedirse. En contraste, mantenemos una buena relación con el vecino del otro lado, con confianza suficiente para dejarles las llaves de casa al salir de viaje.

Está comprobado que la cantidad y calidad de las relaciones sociales lleva a vidas más saludables y largas. Creo que se debe trabajar la relación con los vecinos y el episodio de la garza Eufrosina, que acudió al hogar de los tres cerditos a pedirles un poco de sal, es solo una muestra de este aspecto social.

Teodosio y la casa del árbol

I

Después de los buenos días que había pasado en casa de los tres cerditos, Teodosio decidió volver a su hogar. Les agradeció su hospitalidad, les dio un fuerte abrazo y se puso en marcha camino del bosque. Mientras caminaba pensó en la de cosas que había aprendido: comer educadamente con cubiertos, lavarse los dientes después de cada comida, jugar al parchís sin alterarse demasiado, cruzar la calle con cuidado y cuando el semáforo está en verde, comportarse en el supermercado y tratar bien a los vecinos. Estaba claro que en los pueblos y ciudades se aprendían muchas cosas, pero él ya echaba de menos su hogar.

Llegó a su cueva antes de que anocheciera. Nada había cambiado allí. Buscó unas cuantas bellotas para la cena, se las comió, hizo un poco de limpieza y se sentó a leer un libro antes de dormir. Cuando ya era casi de noche y apenas se podía ver, se recostó en su cama de paja. Fuera solo se oía ulular al búho que vivía en el árbol que había a pocos metros de la entrada de su cueva. Mientras se dormía, pensó que le gustaría descansar en la habitación del piso de arriba de la casa de sus primos y que quizás él podría idear algo para construirse una cosa parecida.

Rechazó la idea de edificar una casa en el bosque. No necesitaba algo tan grande.

Teodosio se revolvía en su lecho de paja dándole vueltas a la cabeza. Una casa entera no, pero quizás una habitación sí fuera una buena idea. Le gustaría que estuviera como en un segundo piso, elevada. ¿Cómo podría hacerlo? ¡Ya estaba! ¡Construiría una pequeña cabaña, encaramada en el roble que había un poco más allá de la salida de su cueva! Sería solo una habitación, hecha de madera, con una puerta y una ventana…o quizás dos. El único problema era que no sabía cómo construirla, ni de dónde sacar los materiales. ¿Cómo se las iba arreglar? Mientras buscaba una solución se acordó de Ignacia, la castora que vivía río abajo. Era ingeniera y había construido una presa en él, creando un estupendo lago que ahora todos los animales disfrutaban. Además, levantó una casita hecha con palos de madera justo en el centro del estanque, con una entrada submarina donde vivía tranquila y segura. Sí, seguro que Ignacia le ayudaría. Era el animal perfecto para ello. Y, con este pensamiento, el jabalí se durmió.

A la mañana siguiente, Teodosio se levantó con la ilusión de ir a hablar con la castora ingeniera y contarle sus planes. Se dirigió al río, que estaba cerca de su cueva, desayunó unos cuantos puñados de bayas y bebió un trago de agua fresquita. Una vez terminado su desayuno, se dirigió caminado río abajo hasta alcanzar el lago artificial en el medio del cual vivía Ignacia. Las aguas estaban muy tranquilas y en sus orillas crecían muchas margaritas, la flor favorita de Teodosio. En la ribera nadaban renacuajos sobre un tapiz verde de musgo brillante que cubría el fondo. El jabalí contempló su reflejo en el agua, su carota peluda con el cielo azul de fondo, y pensó que debería recortarse los bigotes un día de estos. Rozó apenas con el hocico el agua y los renacuajos escaparon nadando a toda prisa, en todas direcciones. Metió la pezuña en el agua y, de entre el musgo, flotó un barrillo que se meció con el movimiento del agua empujada por su pata. Se dio cuenta de que Ignacia era una castora muy lista y de que, después de mucho trabajo, había conseguido un lugar muy bonito para vivir, un hogar que podía disfrutarse mucho. Un poco más allá, junto a la orilla, se la encontró mordisqueando un tronco de árbol. Teodosio la saludó:

—Hola Ignacia, buenos días. Cuánto tiempo sin verte.

—Mmmm. Sí. —dijo la castora, deteniendo temporalmente su mordisqueo, sentándose sobre sus cuartos traseros y mirando con atención a Teodosio—. Hacía días que no te veía. ¿Dónde has estado?

—Oh —replicó Teodosio—. Fui a pasar unos días a casa de mis primos, los tres cerditos. Lo he pasado muy bien con ellos.

Ignacia asentía con la cabeza mientras el jabalí le explicaba, muy animosamente y con una sonrisa en la boca, algunas de sus experiencias más destacadas en la convivencia con sus primos:

—¡He aprendido muchas cosas nuevas! Aunque echaba de menos el aire limpio del bosque.

—Cuánto me alegro. Siempre es interesante viajar y conocer otros sitios y costumbres. ¿A que sí? —sugirió Ignacia—. Pero dime, ¿qué te trae por aquí?

—Pues verás. He pensado que me gustaría mucho tener una cabaña entre las ramas de un árbol. Yo nunca he construido nada como eso, así que no sé por dónde empezar. Pensé que quizás podrías ayudarme.

–Mmmmm. Naturalmente que puedo. Puedo orientarte sobre los pasos a seguir e incluso ayudarte a construirla.

–¿Los pasos a seguir? –reflexionó Teodosio en voz alta.

–Claro, claro –añadió la castora–. No habrías pensado empezar sin más, ¿verdad?

–Bueno, no. La verdad es que no había pensado absolutamente nada, excepto en cómo me gustaría que fuera la casa.

–Bien. Ese es un buen principio –remarcó sabiamente Ignacia–. Lo primero es saber lo que quieres. Conocer a dónde pretendes ir a parar. ¿Entiendes?

–¿Por qué es tan importante? –preguntó Teodosio.

–Porque si no sabes cuál es tu objetivo, ¿cómo vas a trazar un plan para conseguirlo? Y sin un plan es muy difícil que lo consigas.

Teodosio parecía comprender perfectamente la enseñanza de su amiga la castora. El movimiento de su cabeza, lenta y afirmativamente, así lo demostraba, al igual que sus palabras:

–Claro. No lo había pensado.

–Muy bien. Entonces dime qué es lo que te gustaría conseguir. Cómo será tu cabaña. En qué habías pensado –reclamó Ignacia.

Durante un rato, Teodosio le explicó cómo sería su casa del árbol ideal: de madera, no muy grande, con el espacio justo para tumbarse a dormir y también con un rinconcito para leer, cerca de la ventana. Esto era importante para él porque le gustaba mucho leer, pero su cueva tenía poca luz. Quería instalarla justo donde empezaban a nacer las primeras ramas del tronco, como a dos metros del suelo. A esa altura se mantendría sin humedad y sin que otros animales se metieran en ella todo el rato. Pero tampoco estaba demasiado alta, con lo que no le costaría mucho subir, y si se caía desde allí al menos no se rompería un hueso. También le explicó a Ignacia que quería una ventana en el lado opuesto de la puerta. Así entraría luz para leer y correría el airecito de la puerta a la ventana.

La castora escuchaba con atención todas las explicaciones y tomaba notas. Siempre ponía mucha atención a los detalles y por eso conseguía constantemente excelentes resultados en sus proyectos. Teodosio se empezó a entusiasmar con la idea y comenzó a hablar a toda velocidad:

—También me gustaría que diera vueltas alrededor del tronco y que pudiese subir y bajar, con una sirena que haga ruido: ¡auuuuu! ¡auuuuuuu!

Ignacia le interrumpió:

—¡Paaaraaa! Para el carrooo. ¿Tú quieres una cabaña o un tiovivo?

Teodosio se quedó callado de repente. Quizás estaba llevando la idea demasiado lejos.

—Verás —le comentó la castora—, si seguimos complicando la idea no la terminaremos nunca. ¿Lo entiendes?

El jabalí se dio cuenta de que Ignacia tenía razón. Lo pensó un poco y decidió limitarse a construir, simplemente, una cabaña. Su amiga la ingeniera continuó hablando.

—Siempre que inicies un proyecto debes tener claro hasta dónde lo vas a llevar. De otro modo, no se acabará nunca. ¿Sabes? —Teodosio asintió e Ignacia continuó.

—Lo siguiente que necesitamos, mi querido jabalí, es hacer un plano de la cabaña. Así tendremos claro qué es lo que vamos a construir.

Ignacia era una estupenda dibujante y, gracias a las indicaciones de Teodosio, consiguió hacer un detallado dibujo de lo que el jabalí le decía. Tanto que provocó incluso sus aplausos, pensando en que su cabaña estaba cada vez más cerca.

—¡Eso, eso! Justamente así es como la quiero.

Solo quedaba empezar a construirla...

II

Después de que los planos de la cabaña estuvieron listos, Teodosio e Ignacia hicieron una lista de materiales necesarios y se repartieron la tarea de encontrarlos. Trabajar en equipo estaba muy bien, pero había que tener claro cuáles eran las responsabilidades de cada uno y, por supuesto, cumplir con ellas. ¡No vale ser vago y dejar a tu compañero tirado!

Acordaron que el jabalí se encargaría de la madera, mientras que la castora lo haría del resto: clavos, cuerdas y un par de bisagras para la puerta. Ignacia fue a buscar a Rufina, la paloma mensajera. Esta se encontraba en la orilla del lago, dándose un baño. La ingeniera vio cómo la paloma se metía un poco en el agua, inclinaba la cabeza hasta sumergirla, seguida de su cuerpecillo blanco y gris. Después de no más de dos segundos, se incorporaba, ahuecaba las plumas y se sacudía cientos de gotas de agua, que volaban a su alrededor, reflejando la luz de sol como perlas de colores.

—Buenos días, Rufina —saludó la castora mientras se acercaba nadando por el lago.

—Buenos días, Ignacia —le contestó la paloma sacando su cabecita del agua—. ¿En qué nuevo proyecto estás trabajando?

—Pues precisamente de eso venía a hablarte —explicó la ingeniera—. Voy a construir una cabaña de madera con

Teodosio y necesito un paquetito de clavos. Me preguntaba si podrías acercarte al pueblo y conseguirlo. No te llevará mucho tiempo.

La paloma mensajera estuvo encantada de poder ayudar, así que cuando terminó de acicalarse el plumaje, batió las alas con rapidez, levantó el vuelo hasta alcanzar las copas de los árboles y se alejó, mientras Ignacia la veía perderse en el horizonte. A la castora le gustaba su trabajo de ingeniera, pero admiraba a los animales que podían volar y le habría gustado mucho hacerlo. Se quedó por allí abajo, recolocando algunos de los troncos de la presa y, al cabo de no más de una hora, divisó a Rufina, que se acercaba volando con un paquetito sujeto entre sus patas. Pasó justo a su lado, dejó caer el pedido a sus pies y se fue a posar en una rama del árbol más cercano.

—Ahí tienes tus clavos. Espero que te sirvan —afirmó Rufina mientras ahuecaba un poco una de sus alas para limpiarse con el pico.

—Muchas gracias. Excelente servicio. Voy a buscar a Teodosio para ponernos manos a la obra —añadió Ignacia.

Mientras iba caminando pensó en lo estupendo que era disponer de un servicio así en el bosque, que te trajera volando lo que necesites al lugar que hiciera falta. Casi sin darse cuenta había llegado a la cueva de Teodosio. Este ya estaba allí y tenía un montón de troncos apilados cerca del árbol donde pensaba construir la cabaña. Ignacia sacó los planos y se puso a morder la madera con sus afilados dientes para cortarlos a la medida adecuada. El jabalí estaba encantado e iba de un lado para otro, muy nervioso. Agarró dos de los troncos que iban a formar el suelo de la cabaña y se dispuso a unirlos, aporreando un clavo con el martillo. Las maderas no estaban bien sujetas, así que, justo cuando Teodosio bajaba el martillo con fuerza, el tronco se movió y el martillo cayó sobre la pezuña del jabalí que sujetaba el clavo. ¡Paaam!

—¡Aaaaayyy! —gritó Teodosio mientras soltaba el martillo y se metía la pezuña golpeada en el sobaquillo.

Ignacia se enderezó de un salto, se giró muy asustada y preguntó:

—¿Qué ha pasado?

—¡Me he machacado la pezuña con el martillooo! —aulló Teodosio—. ¡Ayyy! ¡Cómo duele!

Ignacia le llevó hasta el río y le hizo meter la pezuña en el agua fría mientras iba a buscar a Baltasara, la cierva. Una experta en hierbas medicinales que ejercía como médico de los animales del bosque.

La castora no tardó en encontrarla porque casi siempre estaba pastando en la pradera que había no muy lejos de la cueva de Teodosio. Una vez avisada, Baltasara cogió rápidamente su bolso de primeros auxilios, se lo colgó del cuello y salió al trote en dirección a donde se encontraba el jabalí, con Ignacia subida en su lomo. Mientras trotaban, Rufina se acercó volando a preguntar si había alguna emergencia. La castora ingeniera le contó lo sucedido y la paloma le preguntó si podía hacer algo. Con la voz algo entrecortada por la carrera, Baltasara le dijo que sí, que por favor se diese un vuelo hasta la cima de la montaña que había al final del bosque y le trajese un poco de nieve. Rufina asintió y salió volando hacia la montaña.

Cuando Ignacia y Baltasara llegaron al recodo del río donde estaba Teodosio, este seguía, muy obediente, con la pezuña sumergida en la corriente de agua. La cierva le sacó la pata del agua y observó la pezuña. No parecía muy dañada. La limpió bien, le aplicó unas hierbas desinfectantes y la vendó. En pocos minutos, apareció Rufina con la nieve. Baltasara se la puso en la pezuña y en la pata para que no se hinchase.

–Vaya martillazo que te has dado, Teodosio –dijo la doctora del bosque–. Tienes suerte de tener una pezuña tan dura. Ahora escúchame con atención lo que tienes que hacer. Quiero que dejes la pezuña en la nieve durante media hora y luego sube la pata para dejarla en alto. No agarres ninguna cosa con esa pezuña. A la tarde, quítate la venda y cambias las hierbas por estas otras que te voy a dejar aquí al lado. Después te vuelves a vendar la pezuña y sigue sin usarla para nada hasta mañana. Verás como vas a estar bien.

Teodosio repetía obediente las instrucciones:

–Pezuña en la nieveeee. Pezuña en altoooo. Cambiar la venda y las hierbas, y no agarrar nada.

–Eso es. Muy bien –replicó Baltasara–. Ahora me voy, pero si empeora o mañana te sigue doliendo, me avisáis.

Teodosio e Ignacia dieron las gracias a la cierva por su ayuda. El jabalí se quedó tranquilo, sentado en la hierba con la espalda apoyada en el árbol y la pata en alto. Parecía tal como si estuviera en la escuela levantando la mano para hacer una pregunta.

El jabalí y la castora reflexionaron sobre el porqué del accidente. No se puede cambiar el pasado, pero sí el futuro, así que pensaron cómo podrían evitar que algo así volviese a suceder. En realidad era muy fácil, ya que bastaba con sujetar el clavo con una herramienta o ponerse un guante resistente antes de golpearlo. Se dieron cuenta de que, la próxima vez, antes de empezar una tarea poco habitual sería mejor pensar qué podría ir mal y en las maneras de evitarlo. Tuvieron que detener la construcción de la cabaña durante un par de días porque Teodosio no podía usar la pata donde se había dado el martillazo, pero pronto pudieron ponerse manos a la obra de nuevo.

III

Una vez terminado el suelo y las paredes de la cabaña, se dispusieron a poner el tejado, pero no conseguían sujetar los troncos. Los intentaban clavar, pero pesaban demasiado para las paredes, que amenazaban con derrumbarse. Después de dos horas, Teodosio empezaba a estar desesperado, casi a punto de rendirse, y llegó a pensar en no continuar con la construcción de su cabaña. Estaba cansado y abatido, y creía que nunca lo conseguirían. Afortunadamente, Ignacia tenía mucha experiencia.

–No hay que desesperarse, ¿sabes? En todos los proyectos aparecen problemas. Si te rindes a la primera nunca conseguirás nada. Hay que seguir intentándolo, aunque te cueste. Debes buscar otra manera y, sobre todo, no angustiarte. Eso no ayuda en nada. Tú tienes la ilusión de construirte una cabaña. ¿No? ¡Pues ya está! ¡Esfuérzate por conseguirlo!

–¡Estoy de acuerdo! –apuntó Teodosio.

–Pero te propongo que lo dejemos para mañana –sugirió Ignacia–. A veces no es bueno obsesionarse con algo demasiado tiempo seguido. Vamos a descansar, despejar la cabeza y pensar en otras cosas. Mañana vendremos con ganas renovadas y quién sabe si con nuevas ideas.

A Teodosio le pareció bien la idea y se volvió a su cueva, se preparó la cena y estuvo retozando un poco en la hierba que, como ya se había metido el sol, empezaba a estar fresquita. Eso lo relajó. Después se tumbó panza arriba a la entrada de su cueva, puso sus pezuñas sobre la tripa y observó las estrellas con atención, uniendo unas con otras mentalmente, como si trazase una línea con un lápiz de una a otra, e imaginándose figuras, al igual que muchos otros animales del bosque habían hecho desde siempre -aunque Teodosio no lo sabía-. Luego se metió dentro, se acostó sobre su cama y se durmió. Soñó con los troncos del techo de la cabaña, que subían y bajaban, y subían y bajaban.

Cuando se despertó, se le ocurrió la idea de usar troncos más finos, quizás incluso ramas, y colocarlos un poco más derechos, haciendo el tejado en forma de V boca abajo. ¡Por qué no se le habría ocurrido antes! Si los colocaba así podrían ser más delgados, sin doblarse, y si usaba esas maderas más ligeras quitaría parte del peso que recaía sobre las paredes. Cuando vino Ignacia, muy emocionado, cogió una rama y empezó a dibujar en la tierra del suelo para explicar su idea. La castora estaba asombrada.

–¡Excelente idea, Teodosio! Creo que esa cabecita tuya ha trabajado por su cuenta sin que tú te enteraras y te ha presentado la solución mientras dormías. ¡Es estupendo!

Se pusieron manos a la obra. No fue fácil porque una cosa es tener una idea y otra muy diferente ponerla en práctica. Pero, como decía Ignacia, vale más tener una clara y ponerla en práctica, que tener cien con las que no haces nada. Ignacia y Teodosio estaban decididos a llevar la suya hasta el final, así que no había nada que se les pudiera resistir.

En unos días, por fin, consiguieron terminar la cabaña. Se bajaron del árbol y la contemplaron desde la distancia.

Era tal y como la habían pensado: troncos verticales nudosos, un tejado de ramas cubiertas con hojas cosidas con cuerdas, una entrada con una puerta y una ventana en el lado opuesto, desde donde se podía ver el río correr por entre los troncos de los álamos de la ribera. Entre la puerta y la ventana corría una agradable brisa y dentro, a un lado, colocaron una cama de paja.

Teodosio nunca se había sentido tan orgulloso de algo. Ignacia le había ayudado, cierto, pero es que siempre es una buena idea aprender de los demás. Eso no le quitaba nada de mérito. Estaba muy satisfecho de cómo habían trabajado juntos, de haber superado las dificultades y, por supuesto, del resultado. Decidió pasar esa misma noche en su nueva cabaña. En vez del silencio de la cueva, se oía el susurro del viento entre las ramas del árbol y el canto de los grillos que poblaban todo el bosque. Le parecía que casi podía sentir un mínimo balanceo del árbol, que lo acunaba. Cansado y feliz, Teodosio se tumbó sobre un costado, cerró sus ojitos castaños y se durmió.

- Definición de objetivos.
- Trabajo en equipo.
- Seguridad.
- Superación de dificultades.
- Pensamiento lateral.
- Celebración de resultados.

Comentarios

Teodosio tiene un sueño (construir una cabaña) y lo hace realidad. Tener un deseo o un anhelo es quizás uno de los rasgos humanos más habituales, pero lo que ya no es tan común es el llevarlos a cabo. En este capítulo se encuentran diversas pistas para la consecución de las aspiraciones y una de las que no suele ser evidente es pedir ayuda o consejo. El individualismo es uno de los valores preeminentes en la sociedad occidental, más marcado si cabe en la norteamericana. Aun siendo un atributo que puede ser positivo, muchos problemas se pueden resolver simplemente buscando a tiempo la ayuda y el apoyo adecuados. A veces se nos olvida que no podemos por nosotros mismos, ni necesitamos tener todas las respuestas. Pedir ayuda no tiene nada de vergonzoso ni supone admitir ninguna debilidad, sino que es un signo de inteligencia.

El jabalí encuentra el apoyo que necesita en Ignacia, la castora ingeniera, quien lo guía en su camino para conseguir su deseo de construirse una casita en un árbol. Ella le explica que lo primero es definir la meta que anhela. Teodosio cae en un error común, que es no determinar el alcance del objetivo que persigue. Incontables proyectos han fracasado porque no se fijó claramente cuál era el punto final. Ello hace que no acaben nunca, agotando las energías de los participantes y, en el caso de desarrollos de producto en el mundo de empresa, retrasando indefinidamente lanzamientos y puestas en el mercado.

Recuerdo una frase repetida por el empresario vallisoletano Julio Arias (presidente de Indalux, en los años 90) que me transmitió mi colega Luis Miguel Bernardo a propósito del proceso de diseño y desarrollo de una nueva luminaria: "lo mejor es enemigo de lo óptimo". Efectivamente, si buscas la perfección, puede que sobrepases el punto óptimo. En el desarrollo de un producto esto es particularmente importante y el personal de marketing o los directivos se quejan de que, a veces, tienen que arrancar un proyecto de las manos de un ingeniero de diseño para ponerlo en el mercado, ya que estos tienden a seguir perfeccionándolo indefinidamente. Como ingeniero de I+D que fui, sé perfectamente que es así. Sin perjuicio de que en algunas empresas humanas la búsqueda constante de la perfección es el motor de todas las acciones (como por ejemplo el deporte de élite), uno debe plantearse hasta dónde quiere o necesita llevar las cosas y definirlo claramente; de otro modo, nunca llegará a ninguna parte.

En este capítulo se hace además un breve apunte sobre el trabajo en equipo. Este tipo de labor colaborativa es algo que estuvo ausente en mi educación desde primaria hasta la universidad, pero luego resultó ser el modo de trabajo habitual y una habilidad fundamental en el mundo profesional. Todos los proyectos y exámenes que hice en mi vida estudiantil fueron individuales; sin embargo, al incorporarme al mundo adulto, descubrí que la mayor parte de las tareas laborales se hacen en equipo, que si uno colabora con sus vecinos lo hace en equipo y que el matrimonio es un equipo de dos en la educación de los hijos. Sí que tuve experiencias de trabajo colaborativo en mis estudios de posgrado en Estados Unidos y pude comprobar que algunos compañeros esperaban a que otros hicieran todo el cometido, lo que podía ser muy frustrante y una fuente permanente de conflictos. Como se apunta en la historia de la casita del árbol, para que un equipo funcione se tiene que partir de la base de que cada miembro cumpla con sus obligaciones. En esta forma de acometer la tarea no se trata de difuminar responsabilidades, sino de repartirlas y asumirlas.

Este cuento incorpora también un elemento tan importante como es la seguridad. Creo sinceramente que nunca es demasiado pronto para inculcar una cultura de prevención y protección. Se debe partir siempre de la base de que todos los accidentes son evitables y de que, si ocurren, se debe hacer un análisis del cómo y por qué acontecieron, y qué se debería hacer de otro modo para que el contratiempo no pueda repetirse. Me he encontrado con que no se puede desarrollar una conciencia de seguridad para la esfera laboral y dejarla en la puerta al irse a casa. Una vez arraigada esa conciencia, le acompaña a uno en cualquier aspecto de su vida, lo cual es muy afortunado porque muchos accidentes, mortales incluso, ocurren en el día a día doméstico. Teodosio e Ignacia concluyen que la mejor práctica es, antes de realizar una tarea no rutinaria, analizar los riesgos, lo que puede ir mal, y tomar acciones para prevenirlos.

Otra idea importante que transmite esta historia es que es prácticamente imposible llevar a cabo ningún proyecto sin toparse con dificultades imprevistas. Hay que asumirlo desde el principio y afrontarlas sin desesperación, como parte inevitable del proceso. En caso de bloqueo, muchas veces es mejor tomarse un tiempo de descanso que permita relajar la mente. Aunque este lapso pudiera parecer improductivo, yo creo firmemente que la mente sigue trabajando de alguna manera inconsciente en el problema y que muchas veces la solución, o la inspiración, aparece por sí sola con tan solo dejar de pensar en ella (conscientemente) por un tiempo. Un ejemplo de ello es el descubrimiento por August Kekulé de la estructura cíclica de los compuestos aromáticos (benceno), quien indicó que tras muchas horas de búsqueda de cuál sería la forma de la cadena del citado benceno, cayó dormido y soñó con una serpiente que se mordía la cola, lo que le sugirió la existencia de una cadena no lineal, sino circular.

Finalmente, al terminar cualquier proyecto, creo que es importante celebrar y disfrutar conscientemente de los resultados conseguidos, dándose tiempo para recrearse en los detalles de lo logrado, sin obsesionarse con lo que no se ha podido alcanzar. En mi primer año profesional, trabajando para el Grupo Antolín, recibí una formación de planificación de proyectos mediante el uso de diagramas de Gantt. Recuerdo que el profesor colocó, como última tarea del ejemplo que nos puso, la celebración del fin del proyecto. A mí me resultó casi una ocurrencia, pero años después me he dado cuenta de que un líder de equipo no debería olvidarse de este capítulo. Siempre habrá algo en el resultado final que no será como lo habíamos planeado, o como habríamos deseado, pero uno no debe dejar que esos detalles inevitables estropeen el orgullo por el logro conseguido, ni el disfrute de este.

Los tres cerditos visitan a Teodosio

I

Amanecía en el bosque. Teodosio se despertó de un profundo sueño en el que se había dedicado a perseguir mariposas amarillas por la pradera. Se giró lentamente en su cama de paja: ese montoncito que había apilado en un rincón de su casita del árbol. Se asomó por el borde de la puerta e inspiró profundamente el aire de la mañana. El frío era suave y despejaba la cabeza y los sentidos. Había llovido por la noche y las gotas de agua aún resbalaban lentamente por las hojas del árbol donde estaba construido su nuevo hogar. Escurrían de una a otra hasta acabar formando un goterón que doblaba las ramitas y terminaba por precipitarse contra el suelo, con un ruido sordo sobre las hojas secas que formaban un manto alrededor del tronco. Apenas estaba saliendo el sol, pero ya se oía cantar intermitentemente a algunos pájaros del bosque.

Desde la ventana de su casita de troncos de madera pudo ver cómo una tenue bruma aún cubría los matorrales bajos de los claros del bosque. Teodosio se asomó aún más, apoyando la tripa sobre el marco de la ventana. De repente oyó un aleteo a su espalda, donde estaba la puerta de su vivienda. Se asustó, se le erizaron los pelos de la espalda y dio un respingo. Como estaba en equilibrio precario, se cayó hacia adelante, pasando todo su cuerpo por la ventana.

–¡Que me mato! –acertó a decir justo cuando comenzaba la caída. Teodosio alcanzó a agarrase del borde de la ventana con la dos patas delanteras mientras pataleaba cómicamente con las dos traseras colgando en el aire.

En el borde del marco apareció inesperadamente la responsable del aleteo: Rufina, la paloma mensajera. Miró al jabalí con los ojos muy abiertos y se interesó por él.

–Buenos días, Teodosio. ¿Se puede saber qué haces a estas horas colgado del borde de la ventana? ¿Es algún tipo de gimnasia matutina?

–¡Qué gimnasia ni qué ocho cuartos! Es que me has asustado y he perdido el equilibrio. Menos mal que, con la rapidez de un rayo, he conseguido agarrarme, que si no estaría ahora clavado de cabeza en el suelo como una seta.

–Uy, pues lo siento chico –agregó Rufina–. No era mi intención asustarte. La próxima vez intentaré hacer ruido antes de llegar para anunciarme.

–Está bien. Está bien –añadió Teodosio, que no estaba en ese momento como para recibir disculpas–. ¿Qué tal si me ayudas a subir de nuevo?

–Claro, por supuesto –respondió la paloma–.

Pero no era tan sencillo. Rufina era un animal muy ligero, con alas delicadas y hechas para volar, no para tirar de un jabalí gordito. Agarró a Teodosio por los pelos del cogote y tiró con fuerza hacia arriba mientras su amigo pataleaba e intentaba subir, sin éxito. Ya le empezaban a fallar las energías al jabalí cuando decidió calmarse y pensar. Entonces se acordó de la cuerda que había en la entrada de la casita.

—Tengo una idea, Rufina. Deja de tirarme de los pelos y alcánzame la cuerda que cuelga de la entrada.

La paloma le acercó la cuerda y Teodosio intentó trepar por ella, pero no tenía fuerzas para subir su cuerpote hacia arriba, por encima del borde de la ventana. Rufina se sentía impotente. No podía ayudar a su amigo. Entonces se acordó de lo que le dijo Aurelio el zorro una vez. Algo así como que, cuando estabas atascado, lo mejor era buscar una idea completamente diferente. Él decía que consistía en pensar fuera de la caja, aunque la paloma eso no lo entendía bien porque nunca había visto a Aurelio pensar ni dentro ni fuera de una caja.

—¡Ya lo tengo! En vez de intentar subir, simplemente baja por la cuerda despacio hasta que llegues al suelo.

Teodosio hizo como le decía Rufina y pronto llegó al suelo, sin hacerse daño. En realidad no era tan difícil. Respiró aliviado recuperándose del susto.

—Buf, menos mal —suspiró la paloma, que en realidad había acudido a casa de Teodosio por un motivo completamente diferente—. Bueno, yo venía a darte un mensaje de parte de tus primos, los tres cerditos. Dicen que vendrán a visitarte hoy y que tienen intención de quedarse contigo todo el fin de semana si a ti te parece bien.

A Teodosio le encantó la idea. Es más, le pareció magnífica. Quería mucho a sus primos y, cuando se marchó Rufina, se quedó impaciente, oteando el horizonte para observar si los veía aparecer.

II

A eso del mediodía, Teodosio observó a lo lejos a los tres cerditos, asomando por lo alto de una loma. "¡Priiiimoooos!", les gritó desde su casita y ellos le saludaron alzando las patas y agitando sus gorras desde la distancia. El jabalí estaba contentísimo. Pronto llegaron hasta él y se abrazaron muy felices de volverse a ver.

Les enseñó su cueva, donde vivía, y su nueva casita construida en el árbol que había cerca. Los tres cerditos estaban encantados y asombrados por ella. Les pareció acogedora y divertida. A Lolo le gustó tanto que enseguida pensó que le agradaría más tener una casita como la de su primo. Incluso empezó a sentir las punzadas de la envidia y, más que alegrase por Teodosio, se sentía mal porque él no tenía una similar. Tenía cara de acelga mientras la miraba con detenimiento y su hermano Adolfo lo notó. Le preguntó qué le pasaba. Lolo se sentía incómodo, pero acabó confesando que a él también le gustaría tener una casita así. El cerdito mayor pensó que su hermano necesitaba un buen consejo.

—Ya me imagino, Lolo. Pero creo que tienes un poco de envidia y eso no es nada sano. ¿Sabes? Mejor que eso es que te des cuenta y valores el trabajo que ha realizado Teodosio para construir su casita. Entonces, si tú quieres algo así, tendrás que esforzarte por conseguirlo.

El mediano de los cerditos se dio cuenta de que su hermano tenía razón. Nada peor que padecer envidia. Es mejor valorar lo que otros hacen. Así que, tras reflexionar un poco, felicitó a Teodosio de corazón por su logro y le deseó sinceramente que la disfrutase mucho.

Teodosio, ajeno a esas ideas de Lolo, preguntó a sus primos si querían comer y éstos, naturalmente, le contestaron que sí al instante.

–Lo que sucede –advirtió Teodosio– es que no tengo comida. No contaba con que vinierais a verme y me habéis pillado casi sin alimentos que ofreceros.

–No pasa nada –replicó Venancio–. Vamos al súper a comprar.

Teodosio se acordó fugazmente de cuando fue con sus primos a ese establecimiento y sonrió. Todavía recordaba perfectamente la gran cantidad de peripecias que vivió en tan poco espacio de tiempo.

–No, primos. Jajaja. En el bosque no hay súper ni nada que se le parezca. ¡Tendremos que buscarnos la comida nosotros mismos!

Los tres cerditos le miraron asombrados. ¡Eso no se lo esperaban! Pero claro, ahora estaban en el terreno de Teodosio. Era mejor hacerle caso.

El jabalí los condujo a una zona del bosque junto a su casa, un encinar, donde abundaban las bellotas. Las iban recogiendo del suelo mientras cantaban a coro y las metían en una bolsa. Cuando ya tuvieron suficientes, volvieron hasta la casita de Teodosio y se sentaron en círculo a la entrada de la cueva para comérselas. Nunca habían probado unas bellotas tan ricas. No eran ni muy blandas ni muy duras, apenas amargas, lo justo para darle un sabor especial, pero no tanto como para hacerlas difíciles de ingerir. Tenían una textura granulosa, pero no pastosa, como de granos que despegaban unos de otros al morder y se extendían por la boca llenándola de gusto. Los cerditos gruñían encantados mientras comían. A pesar de que no disponían de cubiertos, ni de mesa, ni de servilletas, los cuatro disfrutaron como nunca de una de las comidas más ricas que recordaban.

Al terminar, Teodosio les mostró su cepillo de dientes, el mismo que se había traído de casa de los tres cerditos en su última visita.

–Aunque vivo en el bosque, como veis, sigo cuidando mis dientes -resaltó el jabalí, provocando el orgullo de los tres cerditos.

Luego caminaron despacio, disfrutando del paseo, hasta el cercano riachuelo para lavarse allí los dientes. El agua era tan transparente que se podía ver con toda claridad las piedras del fondo y los peces plateados que se movían en el seno de la corriente. Los cuatro primos dieron unos buenos tragos y se enjuagaron la boca. Venancio levantó la cabeza hacia el cielo, encantado, mientras el agua le salía de la boca y le escurría por el pecho.

–Nunca había bebido un agua tan fresquita –dijo–. Además, el sabor es maravilloso. Está tan limpia...

Todos coincidieron con él. Incluso Teodosio, que estaba tan acostumbrado a beberla que nunca se paraba a pensar lo rica que estaba. A veces, reflexionó, nos habituamos a las cosas buenas de nuestra vida y ya ni nos damos cuenta de ellas, y eso es una lástima. Se hizo el propósito de recordárselo a sí mismo de cuando en cuando. Lo rica que estaba el agua, o las bellotas, o todas esas cosas de las que disfrutaba cada día.

III

Los cuatro primos pasaron la tarde jugando al escondite y persiguiéndose entre los árboles, hasta que llegó el atardecer y se sentaron agotados a la entrada de la cueva de Teodosio. Adolfo se acordó de la partida de parchís en su casa y pensó que los juegos de mesa eran muy divertidos pero que, de cuando en cuando, era maravilloso divertirse al aire libre. Y correr y saltar hasta agotarse.

Antes de que se dieran cuenta, estaba anocheciendo y encendieron un pequeño fuego para asar castañas. A Lolo le gustaba mucho hacerlo. Le reconfortaba y le agradaba ver la forma de las llamas, su aparecer y desaparecer, sentir el calorcito en la cara y oír el crepitar de la leña al quemarse. En la chimenea de su casa siempre lo encendía él y ese día en el bosque también se encargó de recoger la leña y prenderlo, pero antes lo rodeó con piedras para evitar que se extendiese y provocar un incendio en el bosque. Habría sido una catástrofe.

Alrededor de la hoguera hablaron durante largo rato y se contaron historias, recordaron su compra juntos en el supermercado y, finalmente, debatieron sobre cómo arreglarse para ir a dormir. Como la casita del árbol no era muy grande, Teodosio propuso que lo hicieran en la cueva y sus primos estuvieron de acuerdo. Extendieron paja por el suelo, la mulleron y se recostaron sobre ella. Ya se había hecho de noche y en el bosque reinaba el silencio, solo roto por el sonido del viento entre las hojas de los árboles. Casi todos los animales dormían, excepto los nocturnos como el búho, que se dedicaba a perseguir roedores. A la entrada de la cueva, el fuego de la hoguera ya se había extinguido, pero quedaban usas brasas rojas cuya tenue luz se reflejaba en el interior de las paredes.

Los tres cerditos estaban acostumbrados a sus camas y colchones, así que dormir en el suelo de la cueva, a pesar del montón de paja, les resultaba un poco duro.

Durante la noche dieron unas cuantas vueltas y, cuando se despertaron a la mañana siguiente, tenían la espalda un poco dolorida. Adolfo se había quedado dormido en la misma posición varias horas y al levantarse estaba un poco torcido, como la torre de Pisa. Teodosio le señaló con la pezuña, se rio y comentó:

–Jajaja. Creo que Adolfo va a necesitar hacer unos estiramientos. Parece un ocho.

El cerdito mayor no podía estar más de acuerdo. Salió a la entrada de la cueva y estiró una de sus patas hacia arriba, como si quisiera alcanzar algo de la rama más alta del árbol junto a él, mientras que ponía la pezuña de la otra pata en la cadera, inclinando el cuerpo hacia ese lado. Sus dos hermanos y Teodosio acudieron también allí y, para entrar en calor y desentumecer los músculos, se unieron a él. Adolfo continuó estirando la pata izquierda y luego las dos a la vez. Hacía unos movimientos suaves, como si bailara despacio, y los otros tres chanchitos lo imitaban, sincronizándose con él, como si de un grupo de danza se tratara.

Lolo pensó que era muy bonito haber pasado la noche en la cueva, en el corazón del bosque, pero que había que estar dispuesto a soportar algunas incomodidades si se quería disfrutar de la naturaleza. En general, consideró que casi siempre que se quiere algo hay que estar dispuesto a pasar por algún esfuerzo, incomodidad o sacrificio. Mientras reflexionaba sobre ello, su primo y sus hermanos se pusieron en marcha para buscar el desayuno y el los siguió de un salto.

–¡Eh! ¡Esperadme! No me vayáis a dejar aquí comiéndome las pezuñas. ¡Que yo también tengo hambre!

Caminaron entre los árboles, buscando moras y arándanos. Aunque ya había salido el sol, aún hacía fresquito y la hierba y los matorrales sostenían miles de redondas gotas de rocío, que se pegaban a sus patas al caminar en busca de los ricos frutos. Encontraron muchos. Más de los que Lolo creía y así se lo confesó a Teodosio.

–No pensé que fuéramos a encontrar tantos, primo.

–¡Pues claro! –respondió Teodosio–. Deberías tener un poco más de confianza en que acabarás por encontrar frutos siempre que te pongas en marcha a buscarlos.

Volvieron a cueva y se sentaron para tomar el desayuno. Tenían las pezuñas brillantes y los pelos de las patas aplastados, como repeinados, debido a la humedad, así que agradecieron sentarse a la soleada entrada de la guarida de su primo el jabalí. Lolo cogió una ramita del suelo y removió un poco las cenizas de los restos de la hoguera. Unas cuantas brasas coloradas resurgieron de entre ellas. No daban tanto calor como la noche anterior, claro, pero sí el suficiente como para, unidas a los rayos del sol, ir secando sus patas mientras comían los frutos recolectados.

Los tres cerditos se habían traído unos yogures para compartir. Los sacaron y empezaron a tomárselos. Los cuatro paladearon, disfrutando el sabor a fresa, que era uno de los favoritos de Teodosio. Cuando terminaron, Venancio arrojó el envase lejos, sin pensarlo. Su primo le recriminó:

–Eh, ¡no hagas eso!

–¿Por qué no? –preguntó el cerdito pequeño.

–Porque se ensucia el bosque –explicó Teodosio.

–Pero tú ya tienes tu cueva. ¡Y además una cabaña!

–Es verdad, pero no podría vivir sin el bosque, sin el agua, sin el aire… Y no solo yo. Ninguno de los animales podría. Mi casa es solo una parte de todo.

–Eso es verdad –reconoció Venancio–. Pero solo es un envase pequeño…

–No puede destruir todo el bosque –agregó Lolo sin estar muy convencido.

–Sí, pero imagínate que los cuatro hiciésemos eso. Es más, figúrate que lo repitiéramos todos los días. O incluso que lo realizaran todos los animales del bosque los 365 días del año –gesticuló Teodosio mientras intentaba explicar su opinión.

Venancio empezó a construir una imagen mental de los envases cayendo por todas partes, alfombrando el suelo del bosque sin que se pudiese ver la hierba, apilándose junto a los troncos de los árboles y llenando el fondo de la cueva. En su cabeza, la montaña de recipientes, cajas, botes y botellas adquirió unas proporciones pavorosas. Por la cara que puso, Teodosio supo que su primo pequeño se había dado cuenta de que tirar el envase, como había hecho, podía tener unas consecuencias en las que no había pensado.

–Yo creo –complementó Teodosio– que uno tiene que actuar pensando qué pasaría si todo el mundo hiciera las cosas así. ¿Sabes? Cuando tienes dudas es una buena manera de saber si algo está bien o está mal.

Los tres cerditos estuvieron de acuerdo y se sintieron contentos de haber llegado a esa conclusión, tanto como si se hubieran perdido por el bosque y hubieran encontrado un mapa.

Cuando terminaron de desayunar, Teodosio propuso jugar al escondite. Al principio le tocó contar a Venancio. Descubrió enseguida a su primo, que se había ocultado detrás de un árbol cuyo tronco no tapaba su tripa por completo.

–No entiendo cómo has podido verme –reflexionó en voz alta, mientras Venancio chirriaba de risa, explicándole que su tripa salía medio metro por fuera del árbol.

Después de un rato, le tocó el turno de contar a Teodosio. Empezó a moverse sigilosamente por el bosque, intentando descubrir el escondrijo de sus primos. De repente oyó un grito. Pensó que alguien le atacaba, pero solo vio pasar por delante de él, corriendo como una exhalación, al cerdito mediano.

–Lolo se ha confundido de juego –pensó–. Cree que estamos jugando al pilla–pilla.

¡Entonces se dio cuenta de que detrás de su primo mediano iban volando una infinidad de abejas! Lolo se lanzó de cabeza al riachuelo y las abejas se quedaron volando desordenadamente por encima hasta que se acabaron marchando, desconcertadas. El cerdito salió del agua chorreando como una bayeta, aún con el susto en la cara. Primero sacó la cabeza con cuidado, después las patas delanteras, el tronco y, por último, sus patas traseras.

–Ssse, ¿se han ido ya? –tartamudeó.

–Sí. ¿Estás bien? –le preguntó Teodosio.

Lolo estaba bien, pero aún no le salía el susto del cuerpo. Después de investigar lo que había pasado, vieron que se había escondido detrás de una colmena de abejas y estas, atemorizadas, salieron en tromba a atacarlo para se alejara de su casa. El jabalí les explicó que, para vivir en el bosque, hay que tener siempre en cuenta que hay otros animales y pensar en si lo que vamos a hacer les puede molestar o asustar.

Después de ese incidente no hubo ningún otro. El fin de semana transcurrió entre juegos, comidas campestres y el disfrute de la naturaleza. Los tres cerditos pensaron que su primo era muy afortunado por vivir en aquel lugar y así se lo dijeron. Teodosio nunca lo había pensado. Tampoco los tres cerditos lo habían considerado de su casa. Resultaba curioso, dijeron, cómo había tenido que venir alguien de fuera para descubrirles las bondades de su hábitat.

El fin de semana se acabó y los tres cerditos se despidieron de su primo, dándole las gracias por los buenos ratos pasados y prometiendo que pronto se volverían a ver. Teodosio decidió que esa noche dormiría de nuevo en la casita del árbol, dejándose acunar por el pequeño balanceo de las ramas del árbol con el viento de la noche.

- Pensar "fuera de la caja".
- La envidia.
- Adaptación a las circunstancias.
- Cuidado de la naturaleza.
- Apunte de ética kantiana.
- Tener en cuenta a los demás.
- Apreciación de la propia circunstancia.

Comentarios

Salir de una situación de apuro. Ese es el principal contenido del inicio del capítulo cuarto de las aventuras de Teodosio. Su amiga, la paloma Rufina, intenta ayudarlo, pero no logran resolver el problema. Finalmente, inspirada por una frase que recuerda de su amigo el zorro Aurelio, intenta una solución diferente que le da resultado. La oración es la conocida "pensar fuera de la caja", que invita a romper los límites de lo habitual, buscando soluciones fuera de los mismos. Un enunciado tan paradigmático que incluso ha experimentado el proceso de la dialéctica hegeliana (tesis, antítesis y síntesis) y, frente a la tesis de pensar no convencionalmente, se han escrito ya libros y artículos con la idea contraria, la antítesis (*"Think inside the box. The power of creative constraint"*, de John Spencer, por ejemplo). Saltemos, pues, a la fase de la síntesis, buscando lo mejor de los dos extremos. Aun reconociendo que hay momentos que es mejor empezar elaborando "dentro de la caja", hay veces que es necesario salir de ella y utilizar el pensamiento no convencional.

Cuando uno de sus primos admira la cabaña de Teodosio no puede evitar sentir envidia. Es uno de los sentimientos más dañinos porque lo castiga a uno mismo, vuelve una y otra vez, emponzoña las relaciones y puede provocar reacciones indeseables y hasta trágicas. Para combatirla, lo primero es ser consciente de ella. Lo segundo, cierta clase de disciplina personal al visualizar al envidiado como alguien merecedor del bien o de la situación que disfruta. En muchos casos, la envidia obvia el esfuerzo que una persona ha tenido que hacer para alcanzar la situación codiciada. Hacer el ejercicio de pensar en lo que al otro individuo le ha costado alcanzar cierta circunstancia es un buen antídoto contra ese sentimiento.

En el mundo de la empresa es muy común envidiar la posición de determinados ejecutivos sin percatarse del camino que tuvieron que llevar para llegar a ella. Como decía un directivo, compañero mío en Madrid (España), es perfectamente válido y respetable la elección de una vida profesional tranquila y sin sacrificios, pero entonces no te quejes de no tener los beneficios de quien tomó la decisión contraria y carga con las más altas responsabilidades.

La vida de los tres cerditos es muy diferente a la de Teodosio. Con mucho juicio, en el cuento reconocen esa situación y se dejan llevar por su primo, adaptándose al cambio que supone ir a un entorno natural. Si no puedes modificar tu circunstancia, o no conviene hacerlo, lo mejor es adaptarse a ella, y una buena manera de hacerlo es ir de la mano de quien ya la conoce. Entonces, como en el caso de la historia, se puede empezar a disfrutar de la nueva realidad.

Hay un momento en la historia en el que uno de los tres cerditos está a punto de tirar un envase al bosque. Este episodio sirve para hacer un pequeño apunte sobre el respeto a la naturaleza. En este principio del siglo XXI, aún existe debate sobre el cambio climático, del que algunas personas no creen que tenga su origen en la acción humana. Sin entrar en el debate, e incluso para quien lo dude, tiene todo el sentido del mundo el cuidado de la naturaleza, aunque solo sea por puro interés económico. El proyecto Biosfera 2 construyó un ecosistema artificial cerrado en Arizona (Estados Unidos) con el objetivo de experimentar cómo de factible sería mantener un entorno de vida, tal y como lo conocemos en la Tierra, en dimensiones mínimas, autosuficiente y trasplantable a, por ejemplo, otro planeta. Era un plan muy complejo, con muchas enseñanzas. De entre ellas me quedo con lo increíblemente caro y complicado que es reproducir, aunque sea en pequeña escala, lo que la naturaleza nos ofrece de manera gratuita en proporción planetaria. Incluso sin abandonar el egoísmo humano, la conservación del medio ambiente está en nuestro propio interés como especie y hasta también en el funcionamiento de la economía, tal y como la entiende el capitalismo. Esta es la base conceptual del llamado capitalismo natural, explicado en el libro "*Natural Capitalism: Creating the Next Industrial Revolution*" (Paul Hawken, Amory Lovins y Hunter Lovins) y del artículo sobre el mismo de la "*Harvard Business Review*".

El pequeño episodio del envase arrojado al suelo por uno de los cerditos introduce un concepto de ética. Aunque el impacto de su acción sea mínimo, Teodosio intuye que ese comportamiento no está bien y le explica a su primo cómo debe actuar uno, pensando qué ocurriría si su manera de hacerlo se extendiera a todos los que lo rodean. El jabalí expone, a su manera, el imperativo categórico de la ética de Kant, una de cuyas formulaciones dice que uno debe obrar solo según aquella máxima por la cual pueda querer que su proceder se convierta en ley universal. O, dicho de otro modo, actuar como si la máxima de tu acción pudiera convertirse en una ley universal de la naturaleza. Aunque pueda parecer complicado, este concepto de la ética kantiana puede ser una guía muy sencilla para que un niño pueda concluir qué es lo que está bien y está mal. Incluso de alguna manera está contenido en una frase popular que no es difícil imaginar dirigida a un joven: "¿qué pasaría si todo el mundo hiciera lo mismo?"

Hay un pequeño incidente de uno de los cerditos con un panal de abejas que ayuda a comentar a la perfección cómo, en el transcurso de cualquier actividad, hay que tener en cuenta los efectos que esta puede tener en otras personas (en el caso del cuento, animales). La naturaleza de la actividad de una empresa puede poseer un fuerte impacto en las áreas en las que opera. Uno de los primeros aspectos que me llamó la atención al empezar a trabajar en CEMEX fue que se consideraran las consecuencias de la operación en las comunidades circundantes, lo que no era una preocupación tan preeminente en fábricas de ensamblaje en las que había trabajado hasta entonces, como el sector del automóvil, cuya actividad permanece en un espacio cerrado. Aunque ciertas corrientes de pensamiento (por ejemplo, la de Milton Friedman, de la Escuela de Economía de Chicago, en Estados Unidos) sostienen que el objetivo de la dirección de una empresa debe limitarse a la maximización del beneficio, dejando para los legisladores el ocuparse de todo lo demás, vía aplicación de impuestos y penalizaciones, cada vez gana más terreno el concepto de que la actividad empresarial debe tener en cuenta el impacto en todas sus audiencias clave.

En un orden de cosas completamente diferente, en los años en los que fui miembro del coro universitario de Valladolid (España), a veces organizábamos intercambios con coros de universidades extranjeras. Cuando nos visitaban les hacíamos un recorrido por nuestra ciudad. Al explicarles la historia, monumentos y gastronomía, me daba cuenta de todas las virtudes de la ciudad en la que vivíamos y que normalmente me pasaban desapercibidas. Esta situación me inspiró un párrafo intermedio y el final de esta historia, en el que la presencia de sus primos en su hogar hace que el jabalí aprecie de manera consciente el lugar donde vive. Algunos psicólogos recomiendan, en algún momento del día, dedicar un rato a enumerar varios de los aspectos por los que podemos estar agradecidos; e incluso ciertos neurocientíficos sostienen que se producen cambios físicos positivos en el cerebro. Es lo que en la cultura popular estadounidense llaman "contar tus bendiciones". Algo que puede educarse desde la infancia y que puede elevar el sentimiento de felicidad, sin necesidad de filosofías complejas.

Teodosio y la cama elástica

I

Los días pasaban en el bosque sin grandes novedades. La primavera había llegado y la hierba crecía de nuevo con fuerza. La nieve de las montañas se había deshecho y el riachuelo traía abundante agua, que saltaba entre las rocas y golpeaba las orillas. Por todas partes se veían flores y a Teodosio le encantaba darse revolcones por el verde, pegar unos cuantos saltos hasta cansarse y luego tumbarse en la pradera panza arriba y dejar que el sol le acariciara suavemente su hociquillo pardo.

Hacía ya tiempo que le habían visitado sus primos, los tres cerditos, y se preguntaba qué sería de ellos. Pensó en mandarles un mensaje a través de Rufina, la paloma mensajera, para saber qué tal estaban. Como ya iba atardeciendo, se encaminó hacia su cueva, planeando que quizás esa sería una buena noche para dormir en la cabaña del árbol y ver las estrellas a través de la ventana. Antes de llegar ya se dio cuenta de que había un bulto bastante grande a la entrada de la cueva. Tenía formas geométricas rectas, así que no podía tratarse de ningún animal, ni de ninguna roca. Tampoco podía ser una planta. No crecen tan rápido.

Teodosio estaba muy intrigado. Aceleró el paso hasta ponerse a un trotecillo moderado. ¿Qué sería? Cuando llegó vio que se trataba de una caja de cartón no demasiado grande. Junto a ella había un sobre, que el jabalí abrió apresuradamente. Dentro contenía una nota que decía:

Teodosio empezó a abrir la caja de cartón, muy nervioso. Dentro había muchos tubos, atados en un manojo, unas madejas de goma, varios tornillos y tuercas, una bolsa que parecía contener un sábana o tela negra enorme, y otra con textura de rejilla.

–Pero, ¿qué será todo esto? –se preguntó mientras se frotaba la cabezota con la pezuña.

Le daba vueltas al contenido de la caja, sin entender absolutamente nada. En ese momento le pareció oír movimiento en unos arbustos cercanos. Miró hacia ellos y el ruido cesó, por lo que empezó a considerar que simplemente eran figuraciones suyas. Así que continuó observando las barras desde todos los ángulos posibles como si hubieran salido de otro planeta.

Y de nuevo, ¡más ruido en los arbustos! Ahora estaba más intrigado por la causa del sonido que por el contenido de la caja. Se acercó sigilosamente a los matorrales y... ¡zas! De un manotazo apartó las ramas, detrás de las cuales apareció la cara de Aurelio, el zorro.

–¡Uy, qué susto me has dado, Teodosio! –dijo Aurelio, con las orejas agachadas y la peluda cola entre las patas traseras.

–¡Pues anda que tú a mí! –contestó el jabalí, notando al zorro un poco avergonzado por la situación–. ¿Qué haces ahí detrás de los arbustos?

–Yo… El caso es que…

No sabía por dónde empezar y se quedó callado. Teodosio le animó a hablar:

–¿Y bien?

Aurelio por fin confesó:

–Es que esta mañana vi cómo traían ese paquete que hay a la entrada de tu cueva y tenía muchísima curiosidad por saber lo que había dentro –pasando el zorro rápidamente de la vergüenza a la emoción–. Pero dime, Teodosio, ¿qué es? ¿qué es? ¿qué es?

–En realidad no tengo ni idea –respondió el jabalí con las patas en jarras y las pezuñas apoyadas en las caderas, mientras observaba confuso el contenido del paquete–. Es un regalo de mis primos, pero en su nota no explican lo que es. Parece algo que haya que ensamblar, pero no sé el qué, ni cómo montarlo…

–Mmmm. ¿Por qué no miras las instrucciones? –sugirió Aurelio–. Muchas veces uno se vuelve loco intentando averiguar cómo funciona una cosa y la solución está al alcance de la mano.

–Puede ser –admitió Teodosio mientras bajaba la cabeza, frunciendo un poco el hociquillo con disgusto–. Pero es que es un poco aburrido leer las instrucciones.

–Ya lo sé –reconoció el zorro– pero el caso es que dedicarle cinco minutos a leerlas te puede ahorrar veinte en el montaje o, incluso, prevenir que rompas algo o lo ensambles mal. Yo te puedo ayudar.

Teodosio accedió a hacer lo Aurelio proponía. Se sentaron en el suelo, leyeron las instrucciones y miraron los dibujos detenidamente. Se trataba de una cama elástica y, efectivamente, había que ensamblarla para usarla.

El jabalí se levantó y dio dos o tres vueltas alrededor del contenido de la caja. Estaba un poco abatido y se veía sobrepasado por la tarea. Dejó caer los papeles al suelo mientras resoplaba y se sentó, decaído ante las dificultades.

–Mis primos han sido muy amables conmigo, pero no sé si voy a poder hacer esto –afirmó con aire desanimado.

–¿Por qué no? –cuestionó Aurelio.

–Porque es una tarea demasiado grande.

–Entiendo lo que quieres decir –añadió el zorro–. El truco para realizar un trabajo que parece demasiado grande es dividirlo en tareas más pequeñas, ordenarlas y hacerlas una por una, poco a poco.

Teodosio lo escuchaba con atención y pensaba detenidamente en todo lo que le estaba contando su amigo.

–¿Tú crees? –consultó. Así, según lo explicaba Aurelio, le parecía una buena idea, pero no estaba seguro de si a él le iba a funcionar.

–¡Pues claro que lo creo! –replicó el zorro–. Además, cuando termines cada una de las pequeñas tareas te sentirás muy satisfecho por ese pequeño logro y ello te animará a abordar el siguiente.

Teodosio no sabía. Pero Aurelio era muy listo, también muy amigo suyo, y confiaba en él. Pensó despacio en lo que le estaba diciendo y concluyó que tenía razón.

–Está bien –reconoció el jabalí–. Tiene sentido. ¿Por dónde empezamos?

–Comenzaremos por procurarnos las herramientas que necesitamos y por pensar si tú y yo somos suficientes para hacer el trabajo.

Teodosio y Aurelio trazaron su plan, dividieron el proceso en pasos y decidieron que entre ellos dos podrían montar la cama elástica. También que no se necesitarían más herramientas que las que ya venían en la caja.

II

Después de tener claro el proceso de montaje de la cama elástica, Teodosio y Aurelio se pusieron manos a la obra. Estaba muy bien tener un plan, pero siempre hay un momento en el que hay que pasar a la acción. Primero ensamblaron los tubos y, tras ello, los unieron para elevar la estructura. Aquello empezaba a tomar forma. Tal y como había predicho el zorro, al acabar el primer paso, el jabalí se sintió muy animado con el avance y con ganas de seguir. Posteriormente, según indicaban las instrucciones, tenían que colocar la lona elástica bien atada al esqueleto metálico. Les llevo un buen rato. Soplaron y resoplaron, se resbalaron y se cayeron, sudaron la gota gorda, ¡pero consiguieron hacerlo! Teodosio descubrió que cuanto más le costaba ensamblar una parte, más orgulloso y contento se sentía cuando la terminaba. También pensó que Aurelio le estaba sirviendo de mucha ayuda y que él solo no habría podido conseguirlo.

El siguiente paso en el montaje era colocar alrededor de la lona, bien atada a los tubos, la malla que impediría caerse fuera de la cama elástica al ponerse a saltar. Teodosio estaba cansado y no le apetecía ponerse a tirar de las cuerdas para tensarla. Pensó en solicitar a Aurelio que lo hiciera él, pero se dio cuenta de que no podía pedir a su amigo que realizara algo que él mismo no estaba dispuesto a llevar a cabo. En lugar de eso, le sugirió a su amigo el zorro que se tomaran un descanso y este aceptó encantado. Se sentaron apoyando los lomos en el tronco de un árbol un poco alejado de la cama elástica y la contemplaron largo rato, mientras recuperaban el resuello. El sol empezaba a estar bastante alto, pero corría una brisa muy agradable, así que los dos animales no pasaban calor a pesar del esfuerzo.

–¿Sabes una cosa, Teodosio? –preguntó Aurelio–. Ahora que veo la cama desde aquí estoy pensando que no la hemos colocado en un buen sitio.

–¿De verdad? –cuestionó el jabalí.

–De verdad –respondió muy convencido mientras miraba la cama con los ojillos entrecerrados y se acariciaba sus largos bigotes.

–¿Y por qué piensas eso? –insistió Teodosio.

Aurelio miró en ese momento a su amigo, que esperaba con los ojos muy atentos a la posible respuesta. El zorro salió por la tangente para intentar frenar el interrogatorio al que estaba siendo sometido:

–¿Sabes que haces muchas preguntas?

–¿De verdad? –dijo el jabalí–. No quería molestarte.

–No lo haces en absoluto. Eres mi amigo. Además, formular muchas preguntas es una buena manera de aprender, así que haces muy bien –opinó el zorro, al tiempo que explicaba a Teodosio la razón por la que la cama elástica no estaba en un buen sitio–. Mira, el terreno está un poco inclinado ahí. Cuando nos pongamos a saltar en ella, nos vamos a ir siempre para el mismo lado.

El jabalí, vistas las explicaciones de su amigo, cogió una ramita del suelo y la usó como referencia, extendiendo la pata hacia la cama elástica, mientras sujetaba con la pezuña el palito lo más recto posible. ¡Era cierto! El suelo estaba inclinado.

—Aún estamos a tiempo de remediarlo —advirtió Aurelio—. No la hemos montado del todo, no pesa mucho y la podemos arrastrar unos metros hacia ese lado, que está más plano. Más vale corregir los errores lo antes posible. Cuesta menos.

Con el descanso terminado y habiendo identificado a la perfección la equivocación que habían cometido en la instalación de la cama elástica, así como su posible solución, los dos juntos arrastraron el regalo a medio montar hasta el lugar convenido. En un sitio perfectamente estable y liso.

—¿Sabes lo que estoy pensando? —interpeló Aurelio en ese instante—. Que si no hubiéramos hecho esta parada no habríamos descubierto ese problema. Ha sido estupendo detenerse, alejarse un poco para ver la cama con una perspectiva diferente y pensar con calma cómo estaba todo antes de seguir.

El zorro tenía razón. Los dos amigos continuaron con su plan y, antes de que se dieran cuenta, ya habían terminado la cama. Se distanciaron unos pasos y la contemplaron orgullosos. Lo siguiente sería probarla. Aurelio dio un salto ágil, se subió a la lona, encogió un poco sus patas traseras y las estiró de golpe. La tela devolvió el movimiento y el zorro se balanceó arriba y abajo unos segundos hasta que la lona se paró. Repitió el movimiento con más energía y luego con más aún. Las cuatro patas de Aurelio estaban en el aire. Aterrizó de nuevo en la cama, que cedió. Teodosio lo contemplaba encantado y ya no podía contener más las ganas de subir.

–Me toca, me toca –repitió mientras se frotaba las pezuñas nerviosamente.

Aurelio se bajó de la cama elástica con una sonrisa de diversión que le llegaba de oreja a oreja y ayudó a Teodosio a subir. El jabalí empezó a saltar despacio. Pesaba mucho, así que la lona, que era elástica, cedía también mucho, pero luego le devolvía toda la energía acumulada, impulsándolo hacia arriba con fuerza. Nunca había experimentado una sensación así y estaba encantado. ¡Era casi como volar! Empezó a impulsarse con más y más fuerza.

–¡Yuhuuuuuu! ¡Vivaaaa!

Aurelio sonreía y aplaudía encantado al principio, pero luego empezó a inquietarse. Su amigo estaba llevando las cosas demasiado lejos.

–Eeeeh, Teodosio, espera. Para un poco. Estás saltando demasiado alto.

Pero el jabalí ni siquiera le oía. Estaba alborotado con sus cabriolas, con las sensaciones de ligereza, con la vista que atisbaba fugazmente por encima del árbol cuando alcanzaba el punto más alto del salto. Seguía impulsándose más y más ante la mirada cada vez más asustada del zorro hasta que, en uno de sus vuelos hacia arriba, ¡PUM! Se golpeó la cabeza con una rama que sobresalía por encima de la cama elástica.

–¡Ay, ay, uy! –gimoteó Teodosio mientras dejaba de impulsarse y empezaba a rebotar con menos amplitud, hasta que se quedó tumbado sobre la cama frotándose el chichón.

Aurelio pensó en avisar a Baltasara, la cierva doctora, pero no parecía nada importante; solo una hinchazón, que requería un remedio inmediato. Así que cogió un puñado de nieve que aún quedaba del invierno, acumulada en un montoncito del lado norte de una roca, y se lo aplicó al jabalí en el chichón para evitar que se siguiera hinchando. Teodosio se sujetó él mismo el puñado de nieve sobre el bulto mientras seguía aún sentado y tambaleante sobre la lona.

—Ay, madre —musitó el zorro.

—Estoy bien, no te preocupes —tranquilizó el jabalí—. Es que me he dejado llevar por el entusiasmo y la euforia.

—Ya lo creo. Cuando se prueba una cosa nueva es mejor ir con prudencia —reflexionó sabiamente Aurelio.

Teodosio sabía que el zorro tenía razón, pero era muy difícil conservar la calma cuando el entusiasmo se desbordaba. Ahora pagaba las consecuencias en forma de dolor en la cabezota. Aguantó con la nieve en la testa, pacientemente, un rato más. Cuando se le pasó el chichón, siguieron jugando con la cama elástica, ya con más cuidado, buscando dónde estaban los límites para, precisamente, no ir más allá de ellos. Aurelio hizo una marca en el tronco de un árbol cercano que les sirvió de referencia: al llegar a la altura de esa marca, era mejor dejar de impulsarse.

III

Los dos amigos pasaron una tarde divertidísima saltando en la cama elástica y disfrutando diferentes juegos que se fueron inventando sobre la marcha. Cuando se quisieron dar cuenta, el sol ya se estaba empezando a ocultar detrás de los montes al oeste del bosque.

La luz del atardecer proporcionaba un brillo anaranjado a las barras metálicas de la estructura de la cama, dándole un aspecto aún más bonito, y los dos estaban jadeantes de cansancio y felicidad.

Teodosio había disfrutado mucho del regalo de sus primos con Aurelio y pensó en invitar a otros animales del bosque. Lo mejor de ese nuevo obsequio era compartirlo y disfrutarlo con otros amigos. Habría sido muy aburrido usar la cama elástica él solo, sin nadie que le animara, ni le aplaudiera las cabriolas. Por no hablar de alguien que le ayudara a ponerse nieve en el chichón en caso de accidente. Sí, definitivamente, se disfruta mucho más las cosas cuando se comparten.

Avisó de su nuevo juego a Ignacia la castora, a la cierva Baltasara y a la paloma Rufina. A esta última no le hizo mucha gracia lo de dar saltos. Teodosio pensó que, seguramente, eso no era tan emocionante para un animal que a fin de cuentas podía volar. No a todo el mundo le gustan las mismas cosas.

El jabalí envió una nota a sus primos para darles las gracias por su regalo, contándoles cómo la había ensamblado con Aurelio, lo bien que se lo habían pasado juntos y recordándoles que, por supuesto, podrían disfrutarla ellos también si venían a visitarlo. Aunque, según les dijo, no creía posible que los tres a la vez pudieran saltar dentro de la cama sin que se rompiera la lona.

A lo largo de las siguientes jornadas, Teodosio dedicó un rato todas las tardes a pegar saltos en la cama elástica. Unos días en compañía de otros animales del bosque, pero otros, si no venía nadie, lo hacía él solo. Descubrió que eso le ayudaba a mantenerse en forma. Ya no le costaba tanto trepar a su casita del árbol y, cuando se pegaba una carrera hasta el dique para saludar a la castora Ignacia, no le faltaba el resuello como antes.

Hacer ese ejercicio todos los días le hacía sentirse mucho mejor. Algunas veces, al despertarse de la siesta, no sentía ganas de subirse a la lona, pero vencía la pereza porque sabía lo bien que se sentiría después. Otras ocasiones era algún animalito del bosque el que le despertaba de la siesta, sacudiéndolo suavemente o susurrándole al oído:

—Teodosiooo. Teodosiooo. ¿Quieres jugar un rato en la cama elástica?

El jabalí entonces abría los ojitos, se estiraba despacio, se ponía trabajosamente de pie, miraba al recién llegado y, con una sonrisa, decía "¡vamos!".

La cama elástica le sirvió a Teodosio para compartir un rato por las tardes con sus amigos, y eso le hizo sentirse muy bien. Siempre les explicaba cómo él se había pegado un buen coscorrón por saltar demasiado alto y que ellos harían bien en no dejarse llevar por la emoción y saltar más alto de la marca de referencia que Aurelio había hecho en el árbol.

Por la tarde, cuando el sol desparecía por el horizonte, cubría la cama elástica con una funda que venía en la caja y, una vez a la semana, revisaba que los tubos siguieran bien encajados y que no hubiera rotos en la lona. Como le decía Ignacia, montar un artilugio como la cama elástica estaba muy bien, pero aún más importante era mantenerlo después en buenas condiciones.

Y así, Teodosio y sus amigos pudieron compartir la cama elástica y un rato de ejercicio juntos por las tardes durante mucho, mucho tiempo.

- Dividir una tarea grande en tareas pequeñas.
- Liderar con el ejemplo.
- Rectificar a tiempo.
- Compartir.
- Ejercicio físico.

Comentarios

"El camino más largo empieza con un solo paso". Es una cita que se atribuye, en diversas variantes, a Lao Tse. En este capítulo, Teodosio se encuentra con una tarea que le parece inabordable: el ensamblaje de una cama elástica. La solución es la misma que la del viejo chiste que responde a la pregunta de cómo comerse un elefante: "de mordisco en mordisco". Aunque parece un método evidente, a veces no lo es tanto o, al menos, su ejecución no es tan sencilla. Requiere calma ante la presentación de la tarea, diligencia al dividirla y paciencia y constancia al ir dando los pasos. Sin embargo, no hay nada, o casi nada, que se resista a ese procedimiento.

Una buena manera de empezar una labor es revisar las instrucciones, la bibliografía, la experiencia de quien ha recorrido antes el camino y, en general, la información que haya disponible. Todo el mundo siente pereza ante la perspectiva de documentarse antes de empezar cualquier proceso pero cualquier minuto invertido en esa investigación previa puede ahorrar después horas y costosos errores.

Durante el ensamblaje, Teodosio se cansa y piensa en parar un rato mientras su amigo continúa el trabajo, pero se da cuenta de que no puede pedir a otro lo que él no está dispuesto a hacer. Esta es la norma básica y primera del liderazgo y es completamente aplicable a la educación de los hijos. Puede uno decirles lo que deben hacer, explicárselo de mil y una maneras, puede empujarlos a que lo hagan con recompensas o castigos, pero, al final, lo que más calará en ellos es el ejemplo que vean en sus padres. Esto es completamente trasladable a los empleados de una empresa o cualquier organización. Quizás esto es lo más duro, pero a la vez más gratificante, de ser padre o líder; que te obliga a mejorar constantemente cuando te das cuenta de que eres un referente para tus seguidores.

Recuerdo un amigo que hizo el servicio militar en el grupo de operaciones especiales del ejército de tierra. Decía que lo llevaban al límite, pero que la manera de hacerlo consistía en que sus mandos marchaban a su lado, escalaban a su lado, pasaban frío a su lado... Y siendo así, él se sentía impulsado a hacer lo mismo sin excusas, sin necesidad de que nadie se lo pidiera explícitamente. Alguien podría pensar que un niño no lidera a nadie, pero no es cierto. Puede liderar a sus hermanos o primos menores y, por supuesto, a sus amigos, y por lo tanto es vital que aprenda lo antes posible lo importante que es su ejemplo para los demás.

Uno de los errores más comunes en gestión es lo que lo que se llama escalada de compromiso (o *escalation of commitment*, en inglés) y que consiste en ir tomando decisiones que van conduciendo a resultados cada vez peores y, a pesar de ellos, seguir por ese camino, negándose a reconocer que las elecciones estaban equivocadas desde el principio. La historia de la humanidad está llena de errores de este tipo, desde la Guerra de Vietnam, la operación del avión Concorde o las inversiones inmobiliarias en España previas al 2007, hasta cientos de proyectos de diversos tipos y tamaño que terminaron sobrepasado todos los límites de plazo y presupuesto porque desde el principio no eran viables pero que, una vez invertido capital en ellos, nadie se atrevió a reconocer como erróneos y se siguió tirando la pelota hacia adelante. Es un problema antiguo que aparece fielmente reflejado en un artículo de la "*Harvard Business Review*" de 1987, titulado muy gráficamente "Saber cuándo tirar del enchufe" ("*Knowing when to pull the plug*", de Barry M. Staw y Jerry Ross). Sin embargo es algo sigue sucediendo cotidianamente.

Este tipo de malas decisiones se producen en muchas ocasiones por la necesidad de sentir que se tiene la razón, por la dificultad de no aceptar una derrota e incluso por vínculos emocionales. Puede ocurrir no solo en proyectos o en el mundo empresarial, sino en relaciones personales (mantener una amistad o pareja destructivas por cualquiera de las razones antes descritas) o laborales (seguir aferrado a un trabajo que uno en el fondo odia).

En este cuento, los dos amigos se dan cuenta a mitad del montaje de la cama elástica que está colocada en un mal lugar. Escapando del mencionado error de la escalada de compromiso, deciden parar, reconocer la equivocada decisión al ubicar la cama, dar un poco marcha atrás y corregir el problema antes de que sea demasiado tarde y mucho más complicado hacerlo.

En los cursos de piloto, los instructores te explican qué es lo que debes hacer si estás perdido. El primer paso es…

¡reconocer que te has perdido! No es un paso trivial. Hay un famoso caso de una escuadrilla de cinco aviones bombarderos Avenger desparecidos con mal tiempo, con visibilidad reducida en el Triángulo de las Bermudas en diciembre de 1945. No por ningún fenómeno paranormal, sino porque el líder del grupo estaba desorientado, creía estar en una posición que no era la correcta y, en vez de reconocerlo, se empeñó en seguir guiando a su grupo de manera errática, sin llegar a encontrar un aeropuerto, hasta que cayeron al mar por falta de combustible. Solo después de admitir que te has perdido, o que te has equivocado, es posible empezar a poner remedio a la situación.

En otra parte de la historia, Teodosio hace de su cama elástica algo más que un elemento para su disfrute. La convierte en un polo de atracción para disfrutar con sus amigos. Nada hay más gozoso en poseer un bien que el compartirlo con otros y nada más inteligente que convertirlo en una fuente de relaciones sociales.

Recuerdo al padre de un amigo de la infancia que priorizaba de manera absoluta el cuidado y conservación de este tipo de juguetes, digamos caros, impidiendo o limitando severamente que su hijo disfrutara de ellos con sus amigos. En el extremo contrario, en las capas sociales más acomodadas o incluso intermedias del primer mundo, muchos niños descuidan sus juegos o bienes (teléfonos o bicicletas, por ejemplo), tratándolos como desechables. Teodosio se comporta equilibrando ambos extremos, cuidando y conservando su cama elástica, pero compartiéndola generosamente con sus amigos.

Finalmente, este capítulo hace alguna mención a la importancia del ejercicio físico. Esta conciencia era innecesaria en un tiempo en el que los niños jugaban en la calle y la mayoría de los adultos realizaban trabajos que implicaban ese tipo de actividad. En la época actual esto ya no es así y es aún más dramático en el caso de los más pequeños, que crecen en la era digital y pasan, casi siempre, demasiadas horas inmóviles delante de pantallas de todo tipo. Nunca es demasiado pronto para crear conciencia de la necesidad del ejercicio físico, a ser posible al aire libre.

El crucero de Teodosio

I

La primavera estaba muy avanzada ya en el bosque. La hierba crecía alta, salpicada de margaritas y amapolas, y las abejas zumbaban volando entre las flores y su colmena, en un trajín de va y viene que nadie sino ellas entendían. Los días eran cada vez más extensos y las noches más cortas. Teodosio sabía que dentro de poco llegaría el más largo del año y que eso marcaría el principio del verano. Le gustaba esa época en el bosque. Aunque a veces hacía demasiado calor, disfrutaba de mudarse a su casita del árbol y sentir la brisa nocturna, con olor a tomillo silvestre, acariciar su pelaje. Por la noche se oía además el canto de fondo de las cigarras entre los arbustos, que a él lo relajaba. Mientras pensaba en ello, Rufina pasó volando a su lado y le dejó caer una carta.

—Disculpa que no me pare a saludarte —advirtió la paloma mientras remontaba el vuelo como el viento—. Pero es que hoy tengo muchos mensajes que repartir.

Teodosio la vio alejarse y entonces volvió su atención a la carta. Era de sus primos, los tres cerditos. En ella le contaban que se encontraban bien, que todo seguía igual y que se habían propuesto hacer algo diferente para ese verano: un crucero. El jabalí se quedó atónito con la noticia. Nunca se le habría ocurrido hacer algo así.

El asombro se tornó en nerviosismo cuando leyó que sus primos le invitaban a unirse al plan: subirse en un barco. ¡Qué ocurrencia! Él era un jabalí, no un pez. Pertenecía al bosque y no al mar, que no conocía, pero del que le habían dicho que había agua hasta el horizonte y más allá. Aquello sonaba un poco intimidante, pero los tres cerditos resultaban muy convincentes en su carta. Le decían que a veces merece la pena salir de la rutina y probar algo nuevo, que toda experiencia novedosa puede ser muy positiva y que no hay que tener miedo. Además le explicaban que tendrían la oportunidad de conocer lugares diferentes durante las escalas que el barco haría en los diferentes puertos.

Teodosio dejó caer la pata, aún sujetando la carta, se quedó pensando mientras miraba a un árbol lejano y se dijo en voz alta:

–Bueno, y ¿por qué no?

Exacto, no había motivos para no aventurarse y disfrutar de una experiencia única en su vida. Y Teodosio, semanas después, se reunió con sus primos en el puerto desde el que salía el crucero. El mar le causó una honda impresión. Se quedó mudo observándolo durante un buen rato, viendo cómo las olas iban y venían, y aspirando el olor a salitre que desprendía.

–Cuánta agua –murmuró.

–Pues debajo hay más –añadió Lolo.

Venancio se mondaba de risa con la ocurrencia. El mar a él no le convertía en poeta. Lo único que quería era surfear las olas subido en una tabla. ¡Y le daba igual lo que pudieran pensar los demás bañistas de un cerdo haciendo surf!

De todos modos, no estaban allí para irse a la playa, sino para subir en un barco. Teodosio y sus primos fueron caminando por el puerto hasta llegar al lugar donde el crucero estaba atracado. ¡Era enorme! El jabalí casi podía tocarlo, pero en vez de eso fue alzando la vista despacio, asombrado, intentando ver la parte más alta e inclinando la cabeza hacia atrás y doblando tanto el espinazo que casi se cae de espaldas. Estaba impresionado, ya que él lo más grande que había visto flotando era uno de los troncos que usaba Ignacia en el río para sus construcciones.

–¡Vaya barcazo! –comentó admirado.

–Sí, sí. Muy grande. Enorme. Pero vamos a ir entrando que se nos hace tarde –reafirmó Adolfo un poco nervioso mientras daba unos leves empujoncitos a Lolo, que se estaba quedando atrás.

Tras presentar sus pasajes al marinero que había en la pasarela, fueron entrando en fila y buscando su camarote. Iban un poco atropellados por los pasillos, entre la emoción y la prisa por llegar cuanto antes. Tenían mucha curiosidad por ver cómo era su cabina, que resultó ser una habitación no muy grande con dos literas de dos camas, cada una a un lado de la puerta, y con una ventana redonda al fondo desde la que en ese momento se veía el puerto. Por el cristal observaron que ya habían retirado la pasarela y que el barco estaba empezando a deslizarse muy despacio por el agua calmada, gris y un poco sucia del puerto, en dirección al mar. Estaban entusiasmados, pero ninguno más que Venancio, que se puso a dar saltos desde la cama de arriba de una de las literas, hasta que sus hermanos le convencieron de que dejase de hacerlo antes de que se rompiese un hueso y les amargase las vacaciones.

Estaban los cuatro primos recién llegados al camarote cuando todos los pasajeros fueron convocados por los altavoces para hacer un ensayo de evacuación del barco. Tenían que ponerse unos chalecos salvavidas de color naranja que había colgados detrás de la puerta y subir a cubierta a reunirse con los demás viajeros. Les quedaban muy justos y jadeaban para intentar metérselos. Con ellos puestos parecían morcillas de color naranja y casi no podían moverse. "Umpf, buf, grr", se oía a uno y otro mientras intentaban girar sin toparse.

Así salieron al pasillo y fueron avanzando. El crucero ya estaba moviéndose y las olas empezaban a acunarlo rítmicamente, así que los tres cerditos y el jabalí, con sus chalecos, iban avanzando por el pasillo, haciendo eses y dándose con las paredes. Adolfo intentaba ir derecho, Lolo tenía cara de haba y Venancio se iba riendo porque a Teodosio se le salía la tripa por debajo del chaleco y la parte alta le topaba con el hocico, lo que le obligaba a mirar hacia arriba, haciendo su caminar aún más torpe.

Llegaron como pudieron a cubierta, donde les detallaron cómo sonaban las diferentes alarmas y qué tendrían que hacer para subirse a los botes de emergencia. Lolo opinaba que todo eso del ensayo era una tontería, pero Adolfo le explicó que, aunque era muy poco probable que tuvieran que usar esos botes, es siempre muy necesario estar preparado para las emergencias y conocer cómo actuar ante ellas.

—Cuando ocurren no hay tiempo para pensar y muchos se ponen nerviosos, así que es importante haber ensayado antes, tener constancia de dónde están las salidas y qué es lo que hay que hacer, ¿sabéis? –puntualizó el cerdito mayor.

Los primos asintieron mientras iban desfilando, ya con la charla terminada, escaleras abajo, camino de su camarote. Habían sido muchas emociones en un solo día y se encontraban cansados, así que tardaron muy poco en subirse a sus literas y caer dormidos, mientras el barco avanzada por el mar, balaceándose suavemente de un lado a otro, con un rumor de máquinas y de chapoteo de las olas en el costado.

Cuando se levantaron, empezaron a discutir qué es lo que iban a hacer esa mañana después del desayuno. Venancio quería jugar a algo. Una actividad física intensa, por ejemplo. Decía que necesitaba algo así para desentumecerse después estar tanto tiempo en el camarote. Por otra parte, Lolo solo quería ir a la piscina del barco. Se pasaron un buen rato discutiendo sin que ninguno diera su brazo a torcer. Cada vez estaban más enfurruñados y no se producía avance alguno. Casi arruinan la mañana de los cuatro. Afortunadamente a Teodosio se le ocurrió una idea.

–¿Por qué no vamos a la piscina y jugamos un partido de waterpolo? De esta manera Lolo puede estar en donde quería y, además, Venancio consigue su juego y ejercicio físico.

–Excelente idea, Teodosio –valoró Adolfo–. Eso es lo que yo llamo una solución de "todos ganan".

–¿Cómo? –preguntó el jabalí–. Se daba cuenta de que había inventado algo estupendo pero no sabía el qué y quería conocerlo.

–Pues verás –precisó Adolfo–. Muchas veces tenemos una idea de lo que queremos, que es diferente de la de los demás. A veces hay que ser amable y dejar que se haga lo que la otra persona propone, pero no siempre es fácil ceder. Tampoco es necesario hacerlo en todas las ocasiones. Alguna gente, en las discusiones, busca solo su beneficio y que pierdan los otros. ¿Sabes? Que se haga lo que ellos quieren. Pero lo mejor es encontrar una solución en la que los dos que discuten ganan algo. Por eso se llama ganar–ganar. Como en tu idea de jugar en la piscina. Puede hacer falta pensar un poco o tomarse algo de tiempo, pero al final siempre es lo mejor.

Teodosio entendió lo que su primo decía y se sintió muy orgulloso de haber encontrado una solución de esas de "todos ganan".

Así pasaron una mañana estupenda jugando en la piscina, que era de agua salada, chapoteando, saltando, pasándose la pelota, marcando goles…Al acabar el partido se recostaron en las tumbonas cercanas y descansaron un buen rato para delicia de Lolo, que solo quería quedarse allí, tirado el resto del día.

Mientras estaban tumbados al sol, estuvieron pensado dónde comer. Había varios restaurantes en el barco y todo estaba incluido en el precio del pasaje. Solo tenían que elegir uno. Al final, se decidieron por una pizzería que había en la cubierta tres. Tenía unas diez mesas decoradas con manteles a cuadros rojos y blancos, y al fondo había un horno de donde un cocinero enorme con un mandil blanco iba sacando una pizza tras otra. Luego las cortaba en porciones y las ponía en unos platos en el mostrador para que la gente las fuera cogiendo.

Los cuatro primos ocuparon una mesa y empezaron a dar viajes al mostrador para servirse un trozo de pizza y llevarlo a la mesa. Ahora uno de napolitana, despúes otro de margarita, más tarde otro de cuatro quesos... ¡Es una suerte ser un cerdito y poder comer de todo! Después de varias idas y venidas ya no podían más, pero Teodosio no se resistía a seguir. ¡Estaba tan rico y era tan fácil seguir comiendo! Se dio tres o cuatro viajes más al mostrador cuando ya sus primos estaban repantingados en sus sillas sin poder moverse.

Al final, él también se quedó sentado y, cuando al cabo de un rato se pusieron en marcha, Teodosio no podía levantase. Estaba paralizado con su tripón lleno de pizza aplastándolo contra la silla. Tuvo que esperar casi una hora hasta que su estómago empezó a digerir todo aquello, como una hormigonera demasiado cargada que empieza a dar vueltas muy despacio.

Pasó una tarde horrible, no pudo cenar y cuando se metió en la cama, entre el movimiento del barco y las vueltas que él mismo daba, no podía pegar ojo. Cuando finalmente se durmió, tenía pesadillas en las que un cocinero venía rodando hacia él, lo envolvía en pizza de color naranja e iba dando tumbos por los pasillos hasta que se caía dentro de la piscina.

—Ayyyyy —repetía una y otra vez en la cama Teodosio.

Adolfo acabó por levantarse e ir a la enfermería a por unas sales de bicarbonato. Se las dio a su primo el jabalí.

—Tómate esto. No hará que se te pase el empacho, pero algo ayudará.

—Creo que me he pasado comiendo pizza —murmuró Teodosio.

—¿Solo crees? —preguntó irónicamente el cerdito mayor.

—Bueno, no. No creo. Estoy seguro —admitió el jabalí.

—Pues sí. Espero que esto te enseñe una lección, primo.

—Sí. Que no es bueno darse un atracón.

–Ya lo creo que no. Por mucho que nos guste una comida, hay que poner un límite. Y, sobre todo, hay que pensar que lo que más nos agrada no es siempre lo más sano y que hay que comer variado –agregó Adolfo que, en realidad, también había zampado demasiada pizza.

III

Al día siguiente, Teodosio se encontraba mucho mejor de su atracón y se moderó con la comida. Por la noche cenó una ensalada y se fue a dar un paseo por la cubierta que disfrutó largamente. Acodado en la barandilla, con la cabezota apoyada en las pezuñas, observó que había una luna muy blanca que se reflejaba en el agua, como en un espejo gris, y olisqueó la brisa, con olor a sal, que venía de la proa del barco. Sentía que el aire le ondulaba el pelaje y algunas gotitas de agua se le quedaban prendidas en los pelos de la punta del hociquillo. El barco cabeceaba al ritmo de un columpio perezoso, mientras avanzaba lentamente, pero sin pausa, por el mar. A lo lejos le pareció ver la sombra de unos delfines que saltaban como flechas plateadas.

Cuando volvió a su camarote, sus primos estaban leyendo el programa de actividades del crucero para el día siguiente. Había un montón de propuestas diferentes y hasta Lolo parecía emocionado:

–¡Hay hasta un concurso de canto!

–A ver, a ver –dijo Venancio mientras extendía la pata para que Lolo le alcanzase la hoja de actividades.

–Parece ser que mañana empieza la selección en el piano bar de la cubierta 2 –anunció el mediano de los cerditos.

A Teodosio le dio un vuelco el corazón. Siempre le había gustado cantar y aquello podía ser una oportunidad para demostrar su talento, pero solo pensar en hacerlo delante de tanta gente le ponía un nudo en el estómago. Sus primos notaron cómo se azoraba.

–¿Qué te ocurre? –consultó Lolo–. ¡No me digas que te gustaría participar!

El cerdito mediano era un poco pasota, pero muy intuitivo, y ya estaba sospechando lo que le ocurría a Teodosio.

–No sé…–dudaba el jabalí–. Quizás sí. Es más, debo confesar que es algo con lo siempre he soñado, pero es que creo que me daría mucha vergüenza cantar delante de todos los pasajeros.

–¡Bah! –añadió Venancio–. ¡Tonterías! ¡Qué más da lo que opine la gente!

–En eso tienes toda la razón –reflexionó Teodosio.

–Pues claro que la tengo, ¿sabes? Yo creo que uno tiene que hacer lo que le gusta y lo último que ha de importarle es lo que piensen los demás, siempre que no los moleste. Sobre todo si se trata de gente que no te conoce de nada.

–Cierto –reforzó Adolfo–. Además, si uno tiene un sueño, algo que quiere lograr, y no lo intenta, se pasará el resto de su vida pensando qué habría ocurrido si al menos lo hubiera probado.

Teodosio estaba sentado en el borde de la litera, balanceando lentamente las patas traseras que colgaban por el borde y mirando al suelo fijamente mientras escuchaba a sus primos. El ruido de las máquinas del barco que se oía de fondo parecía como si fuera su cerebro, procesando lo que los tres cerditos le estaban diciendo: "run–run, run–run, run–run". En ese instante, Lolo le dio el argumento final. El último empujoncito que le faltaba.

–¡No tienes nada que perder!

–Es verdad –contestó el jabalí, que acabó de convencerse con ese comentario–. ¡Voy a participar en el concurso! Mañana mismo me presento a las pruebas de selección.

–¡Bravo! ¡Viva, valiente! –gritaban los tres cerditos, saltando por el camarote y encantados de la decisión de su peludo primo, que también brincaba con ellos. Chocaban unos contra otros como muñecos de peluche dentro de una lavadora.

En uno de sus saltos, Lolo chocó con un cuadro de la pared, que se cayó al suelo, afortunadamente sin romperse. Tardaron un ratito en calmarse y recuperar el resuello, después de tanto bote. Una vez tomada la decisión, Teodosio sintió una gran liberación, así que se relajó y se puso a ver la tele.

–Espera un momento –interrumpió Adolfo–. ¿No vas a ensayar, aunque solo sea un poco?

El jabalí miró a su primo sorprendido. Le había costado mucho dar el paso final de presentarse al concurso y no había meditado ese aspecto porque su preocupación había pasado exclusivamente por apuntarse o no a la competición.

–La verdad es que no lo había pensado –confesó.

–Yo creo que deberías hacerlo. Verás, está muy bien tener sueños y tomar la decisión de seguir adelante, pero luego hay que perseguirlos –le aconsejó su primo mayor.

–No acabo de entenderlo.

–¡Que te lo trabajes! –espetó Lolo con poco tacto. Estaba reclinado en una silla con las pezuñas traseras encima de la mesa.

–Mmm. Lo que mi hermano quiere decir es que tomar la decisión no basta. Tienes que esforzarte por conseguir lo que quieres. Dar pasos adelante. Algunos te costarán mucho esfuerzo, pero aun así tienes que darlos. En este caso, lo que necesitas es ensayar –explicó Adolfo con mucha más delicadeza.

Teodosio lo había entendido. Cuando los tres cerditos salieron para dar un paseo por cubierta, aprovechó para practicar a solas en el camarote. Mientras se preparaba, pensó que era una suerte estar rodeado de primos que animaban a uno a hacer las cosas y pelear por ellas, y que le daban buenas ideas sobre cómo conseguirlas. Ese es el tipo de gente del que uno debe de rodearse.

Sin más se puso a ensayar, haciendo escalas primero, cantando una canción sencilla después, escuchándose, corrigiendo los sonidos que no le gustaban, repitiendo una y otra vez, hasta que ya no pudo continuar más porque estaba ronco. Lo mejor en ese momento era dejarlo para el día siguiente.

El jabalí se presentó a la prueba y cantó una de sus canciones favoritas. Estaba un poco nervioso, pero la había repetido tantas veces en sus ensayos del camarote, que la canción salía sola, como de manera automática, de su garganta. Fue ganando confianza y pasando todas las pruebas y fue seleccionado para la gran final. Actuaría en el gran teatro del crucero ¡ante todos los pasajeros! Teodosio estaba encantado y sus primos muy orgullosos de él.

Cuando llegó el gran día, se vistió como la ocasión merecía: muy elegantemente con traje y con una pajarita. Se dirigió al teatro acompañado de los tres cerditos. Unos minutos antes de su actuación, Teodosio se notaba inquieto.

–¡Qué nervios, primos! ¡En este estado no sé si me va a salir bien!

Lolo se colocó frente a él, apoyó las patas en los hombros de su primo, le miró y le dijo solemnemente:

—Teodosio, lo haces muy bien y lo sabes. Has ensayado y trabajado duro, y te has preparado para este momento. Ahora lo único que tienes que hacer es centrarte en disfrutar de la canción. Relájate y actúa desde el corazón, sintiendo lo que cantas y olvidándote de todo lo demás.

El protagonista de la jornada asintió, dio un abrazo a su primo y salió al escenario desde un extremo. Al otro lado vio a Venancio haciéndole una mueca graciosa y eso le hizo sonreír y relajarse. El suelo era de tablas, que crujían un poco bajo su peso, pero no dejó que eso lo distrajera. Los focos del escenario, que apuntaban hacia él, le impedían ver el público, del que solo se oía un breve rumor que se apagó cuando la presentadora terminó su breve introducción del siguiente concursante, de quien dijo que era un cerdito muy talentoso y con un gran corazón. Teodosio se lo agradeció pero puntualizó:

—No soy un cerdo, soy un jabalí.

Y sin más, dejó caer las pezuñas a lo largo de sus costados, respiró hondo, perdió la mirada por encima del patio de butacas, se olvidó de todo y se dejó llevar por la letra de la canción, que hablaba de un bosque lleno de vida, con el suelo tapizado de margaritas y animales que vivían felices entre los árboles.

Cuando terminó, la ovación fue monumental. Se sorprendió porque se había olvidado del público. Así que saludó un poco aturdido, haciendo una inclinación, y se retiró del escenario, dudando de si debía irse deprisa o despacio, mientras saludaba con la pezuña en alto.

Teodosio ganó el concurso. Sus primos casi lo ahogan con sus abrazos cuando oyeron su nombre en boca de la presentadora. El jabalí estaba encantado, pero el mayor premio para él era haber cantado frente al público y haberlo hecho como lo hizo: bien preparado y poniendo toda el alma en ello.

Aquella noche los cuatro lo celebraron en la pizzería, cantando y riendo. Pero esta vez, claro, ninguno de los cuatro comió demasiado.

Temas tratados

- Embarcarse en nuevas experiencias.
- Buscar una solución en la que ganen todos.
- Moderación en la comida.
- Atreverse a perseguir un sueño.
- Trabajar para conseguir tus sueños.

Comentarios

Teodosio tiene la oportunidad en este capítulo de embarcarse en una nueva aventura. Sus primos le ofrecen unirse a ellos en un crucero, ocasión que nunca había aparecido frente a sus ojos como ocurrió en ese momento. Creo que en la vida se presentan muchas posibilidades de hacer o disfrutar nuevas experiencias y que uno debe aprovecharlas, o incluso empujar las circunstancias para que sucedan. Desgraciadamente hay muchos trenes, o barcos, que solo pasan una vez.

Durante mi juventud siempre tuve en mente llevar a cabo un viaje con el Interrail, que era y es aún una tarifa plana de hasta un mes para ferrocarriles europeos y que se ofrecía a los jóvenes a precios ciertamente ventajosos. Una excelente oportunidad de conocer otros países por poco dinero en una época en la que aún no existían las aerolíneas de bajo coste y los billetes de avión no eran precisamente baratos. Me atraía mucho viajar y el hacerlo en tren por

Europa, con una mochila a la espalda, me parecía un plan muy apetecible. Pues bien, finalmente nunca lo hice. Si no era la carga lectiva, era la falta de acuerdo entre amigos sobre la fecha o los destinos. Luego fue el terminar el proyecto de fin de carrera y después el servicio militar. Posteriormente una oferta de trabajo que me empujó al mundo laboral, como los toros en un encierro te dirigen hacia adelante. Cuando me quise dar cuenta, la edad se me había pasado y la oportunidad no volvería nunca más. Ante esa vivencia personal, creo importante impulsar a los hijos a aprovechar y buscar esas experiencias, ya sean de viajes o de cualquier otro tipo.

En un episodio de este capítulo, los primos discuten sobre qué actividad hacer durante el día. El problema es que aceptar la propuesta de uno parece llevar a rechazar la de otro. La solución, finalmente, surge como una alternativa que combina los deseos de ambas partes. Esta salida no es más que el conocido concepto de ganar-ganar, contenido en el libro "Los 7 hábitos de la gente altamente efectiva" de Steven Covey. Lo único que hace la historia es presentarlo en un caso simple. Naturalmente, el buscar este tipo de soluciones a veces requiere que alguno de los negociadores renuncie a obtener el 100% de lo que pretendía. Exactamente a lo que aludía el título de la canción de los Rolling Stones *"You can't always get what you want"* (no puedes conseguir siempre lo que quieres). En este caso lo matizaría como que no puedes tener siempre TODO lo que quieres. Habrá veces que uno tendrá que estar dispuesto a ceder en algún aspecto.

Donald Trump tomó como un lema de su mandato el *"America first"*, lo que implica, claro, dejar a todos los demás en segundo, tercer o incluso en un peor lugar. Está claro que, al contrario del *win-win*, el presidente Trump entendía las relaciones y negociaciones como una búsqueda del "nosotros ganamos y ustedes pierden". Estoy convencido de que este enfoque pasará, antes o después, y de que los planteamientos que persigan el beneficio de ambas partes seguirán siendo la mejor manera de resolver conflictos de manera duradera y satisfactoria.

Uno de los peores males de nuestro tiempo en los países occidentales más ricos es la sobreabundancia de comida, sobre todo de mala calidad, aunque sencilla de preparar, atractiva de aspecto y sabor, y fácil de comer. Echar un vistazo a la evolución de la obesidad y otras enfermedades, como la hipertensión o la diabetes, en estos países resulta preocupante. De los mayores retos de los padres actuales es mantener a sus hijos en el hábito de la comida sana cuando el estilo de vida que llevamos, y la sociedad en general, empujan en sentido contrario. Por este motivo, este capítulo contiene un episodio en el que Teodosio se atraca de pizza, lo que puede dar pie a una conversación entre padres e hijos sobre la importancia de los alimentos saludables y también sobre la moderación en la cantidad ingerida.

A lo largo de la aventura de Teodosio y sus primos en el crucero, el jabalí se topa con la oportunidad de cumplir un sueño como es cantar para el público. Como se explica en la historia, para satisfacer su deseo, el primer paso es tener el coraje de admitir que uno lo tiene y que lo va a perseguir. Una de las virtudes que me más me gusta de la sociedad americana es lo poco que les importa lo que piensen de ellos los demás. Me llama la atención esa actitud porque es opuesta a la mentalidad que uno podía encontrarse en la España más tradicional, sobre todo rural. Nada más paralizante e inútil para cumplir el sueño de una vida, o cualquier otro deseo más de diario (aunque sea llevar el pelo teñido de azul), que el conocido e infausto "qué dirán". De las mejores lecciones que podemos trasladarles a nuestros hijos es enseñarles a ignorar los juicios no solicitados de los demás, hecho muy diferente a pedir opinión y guía cuando uno la necesita. También a no depender de la aprobación de los otros para perseguir sus propósitos o, simplemente, para ser ellos mismos.

El último punto presente en el cuento es que tener el valor de admitir tus sueños e ignorar el juicio o suprimir la necesidad de aprobación de los demás, es el primer paso para hacerlos realidad. Pero no es, ni mucho menos, suficiente. Después de ese comienzo hay que trabajar duro y tener perseverancia para conseguirlos. Este proceso de trabajo, de caerse y levantarse, de dudar de uno mismo para luego reafirmarse…, no aparece en las historias de las películas de cine o, a lo sumo, lo hace en forma de un resumen de pocos minutos con música de fondo, que lo ablanda y oculta su verdadera dureza. Ciertamente no es fácil de expresar, pero el caso es que resulta fácil engañarse sobre lo que supone perseguir un objetivo. Esto hace que a veces tienda a ser obviado y te conduzca al fracaso de la empresa.

Si tu sueño es subir el Tourmalet (Francia) necesitas viajar hasta la base de la montaña, una bici y vencer la pereza de vestirte de ciclista. ¿Algo más? ¡Naturalmente! Dar pedales de manera agotadora hasta llegar a la cima.

B.O.S.QU.E.I

Teodosio aprende a conducir

I

Después de disfrutar del crucero con sus primos, Teodosio se dio cuenta de que, aunque le seguía gustando mucho vivir en el bosque, que era su casa, el mundo era muy grande y había mucho todavía por descubrir. Pensó que le gustaría conocer más sitios, aprender más cosas, y se puso a cavilar sobre la mejor manera de conseguirlo. La idea le vino a la cabeza un amanecer de verano, al rato de despertarse y tumbado boca arriba, mientras contemplaba el techo de su cabaña. Aún le duraba el recuerdo vago de un sueño en el que se veía a sí mismo manejando un coche por los caminos polvorientos del bosque. ¡Sí! ¡Aprendería a conducir!

Eso le permitiría moverse con más libertad e ir a conocer otros lugares. La idea le pareció excelente al instante y se ilusionó inmediatamente con la perspectiva; sin embargo, no tenía muy claro cómo lo iba a conseguir. ¿Podría aprender por sí mismo? No lo creía. Investigar y formarte por tu cuenta es siempre una buena opción, pero para conducir necesitaba la ayuda de alguien. Entre otras cosas porque él no tenía un coche.

Sus amigos del bosque le hablaron de Maximiliano, el grajo, que vivía en su mismo bosque, casi al final de este, no muy lejos ya del pueblo y cerca de unos montículos rocosos y pelados que se podían ver desde la cabaña de Teodosio. Tenía un viejo coche de color blanco y enseñaba a conducir a quienes se lo pedían, según le dijeron.

Parecía una buena opción. Claro que tampoco tenía otra, así que ¿para qué darle más vueltas? Se levantó un día, con la luz del sol aún entrando de manera oblicua entre las ramas de los árboles del bosque, y se puso a caminar en dirección a los montículos donde vivía el grajo. Fue un agradable paseo matutino y, antes de que se diera cuenta, estaba ya llegando a las rocas. No vio a nadie, pero oía algún graznido intermitente que salía de alguna parte. El chillido parecía rebotar en las rocas, así que Teodosio no sabía bien de dónde procedía en realidad. Estaba desconcertado, plantado en el claro junto a los peñascos, de pie, con las patas en jarras y el ceño fruncido, mirando hacia uno y otro lado.

–¿Maximiliano? ¿Estás ahí?

En el suelo, desde detrás de una roca redondeada, salió el grajo caminado con cautela, dando unos pasos largos, lentos y ceremoniosos. Era un pájaro de tamaño mediano, con un plumaje negro, lustroso y brillante, que bajo el sol de la mañana reflejaba unos tonos azulados. Tenía unos ojillos negros con los que miraba a Teodosio con curiosidad.

–Hooola –respondió–. ¿Y tú quién eres?

El jabalí se presentó educadamente:

–Soy Teodosio, vivo en aquella parte del bosque –dijo alzando la pata y señalando hacia su casa–. Soy primo de los tres cerditos.

El aspirante a conductor pensó que nombrar a sus famosos primos ayudaría al grajo a situarle y, quizás, a confiar más en él.

–Ah, sí, sí –contestó Maximiliano rascándose un poco la cabeza con la punta del ala para recordar mejor–. Yo enseñé a conducir a los tres hace algún tiempo.

–De eso precisamente quería hablarte. Me gustaría aprender a conducir.

El grajo lo miraba de arriba abajo como calibrando si aquel que tenía delante podría ser un buen conductor o un peligro al volante.

–Mmmmm –expresó lentamente–. Supongo que puedo enseñarte. Ya lo hice anteriormente con los tres cerditos.

–Sí –replicó Teodosio–, pero ten en cuenta que yo no soy un cerdo, soy un jabalí.

–Cerdo, jabalí… para aprender a conducir es lo mismo.

Teodosio no estaba muy de acuerdo, pues a él siempre le gustaba diferenciarse, pero pensó que no era oportuno insistir y ponerse pesado. Maximiliano era el profesor y por algo lo diría.

–Está bien. ¿Cuándo empezamos? La verdad es que tengo muchas ganas de aprender.

–Eso es bueno –valoró el grajo, al tiempo que alzaba un ala para añadir más comentarios al respecto–. No hay nada mejor que tener curiosidad y ganas de aprender.

Y dicho esto, rebuscó detrás de unos arbustos y bruscamente exhibió un librito que abrió al instante. Mientras la brisa agitaba las páginas, afirmó solemnemente:

–Este es el libro de teoría de conducción y coches. Ve leyendo el capítulo uno y vuelve a verme mañana.

Teodosio se quedó un poco desinflado. Él quería conducir un coche, no leer un libro de teoría. Así se lo dijo a su profesor, pero este se afanó en darle las explicaciones necesarias para que comprendiera los porqués del procedimiento.

–Debes tener una idea básica antes de ponerte al volante. Pero no te preocupes, yo soy un buen profesor. No te voy a aburrir con capítulo tras capítulo sin dejarte tocar el coche. Creo que alternar la teoría con la práctica es lo mejor para aprender. Empieza con lo que te he dicho y mañana nos ponemos un rato al volante. La teoría te ayudará a abordar la práctica y esta te animará a estudiar más teoría. Una cosa se apoya en la otra –relató con paciencia y detenimiento antes de salir volando y desaparecer tras las rocas.

Teodosio se encogió de hombros. Todo aquello parecía muy razonable, así que tomó el libro y volvió a su casa, desandando el camino tranquilamente y pensado en lo que Maximiliano le había dicho, mientras cruzaba riachuelos y sorteaba los matojos. Estaban resecos tras la sequía del verano, con ramas delgadas y retorcidas que crecían entre los árboles. Cuando llegó a su cabaña decidió que lo mejor era leer con atención el capítulo lo antes posible.

–Lo que puedas hacer hoy, no lo dejes para mañana –recitó en voz alta para animarse, alzando ceremoniosamente la pezuña al aire, al tiempo que se sentaba apoyado contra un árbol y abría el librito con decisión.

II

Teodosio se puso a leer el manual de conducción con interés. Después de un rato, empezaba a estar un poco cansado, pero era consciente de que tenía que esforzarse y se había propuesto leerse todo el capítulo que Maximiliano le había pedido, así que continuó de todos modos hasta que lo terminó. Entonces cerró el libro, lo apoyó en su regazo y alzó la vista. El sol estaba empezando ya a bajar, pero aún le quedaba toda la tarde libre. Haber hecho sus deberes pronto había sido una buena idea. Como siempre decía Adolfo, si tienes una tarea que realizar, lo mejor es ejecutarla cuanto antes y así tienes el resto del día disponible. Dedicó un rato a saltar en la cama elástica, arregló un pequeño agujero que había en el techo de su cabaña y, después de cenar, se durmió emocionado, pensando en la posibilidad de conducir al día siguiente.

Cuando se despertó, el horizonte aún estaba de color rosa y podían verse algunas estrellas, las más luminosas, en la bóveda celeste. El aire estaba tranquilo y fresco, tenía un aroma intenso a pino y se oía ya el piar intermitente de algunos pájaros que empezaban el día abandonando los árboles donde habían pasado la noche. Al fondo sonaba el ruido del agua de río al saltar entre las piedras. En la lejanía se veía la ladera de un monte que se había quemado en un incendio hacía dos veranos, aún más negra en esa luz débil del amanecer.

El jabalí se puso en marcha camino de los roquedales donde vivía Maximiliano. Durante el trayecto se detuvo al ver unas matas de fresas y revolvió un poco las ramas con su hociquillo, olisqueándolas. Estaban muy maduras y desprendían un olor dulce y fresco. Como en su impaciencia no había desayunado antes de salir, se detuvo un rato a comer unas cuantas, sentado al lado de las plantas, deleitándose con el sabor y mordisqueándolas para extraer su zumo, que le escurría un poco por sus bigotes de jabalí. Cuando terminó, se pasó el reverso de la pata por el hocico para limpiarse, se puso en pie de un salto -la tripa rebotó arriba y abajo varias veces con el movimiento brusco- y continuó su camino.

Ya en su destino, Maximiliano lo estaba esperando con su coche listo. Era un modelo que Teodosio no reconocía. Claro que tampoco habría conocido ningún otro. Él era un jabalí. Sabía de bellotas, árboles y riachuelos, pero no de vehículos a motor. El de Maximiliano se veía que no era nuevo, pero lo tenía limpio y bien cuidado, y el grajo le aseguró que le hacía un buen mantenimiento. Así podía estar seguro de que no se iba a averiar o que le fueran a fallar los frenos. Eso decía mucho de él como profesor y el jabalí se sintió confiado de estar en buenas manos…o más bien en buenas alas.

–Buenos días Teodosio. ¿Cómo estás? ¿Te has leído el primer capítulo del manual? –preguntó Maximiliano.

El jabalí se irguió un poco más, hinchó el pecho y respondió orgulloso:

–¡Por supuesto! Y además lo he entendido todo.

–Muy bien –dijo el grajo–. Además este coche es automático, no manual, con lo que es más fácil de conducir.

–¡Pero si yo lo que me he leído es un manual! ¿Cómo voy ahora conducir un coche automático? –rebatió Teodosio al instante, alarmado por lo que acababa de escuchar a su profesor.

Maximiliano se quedó desconcertado un momento, pero enseguida le explicó al jabalí con detalle el motivo de su equívoco:

–Se llama manual al librito de instrucciones de cualquier máquina, vehículo o aparato. Eso no tiene que ver con que el coche cambie las marchas automáticamente en vez de que el conductor las tenga que introducir manualmente…

Teodosio afirmó lentamente, entendiendo, y pensó que había hecho bien eligiendo un profesor con esa paciencia.

Casi al instante, Maximiliano le hizo unas cuantas preguntas más para comprobar que se había estudiado bien el primer capítulo. Una vez verificado ese extremo llegaron las palabras que tanto esperaba el jabalí:

—Está bien. Vamos a sentarnos al volante.

A Teodosio le recorrió un pequeño escalofrío y los pelos de la espalda se le erizaron un poco. Ponerse al volante era lo que quería, pero ver que iba a ocurrir de manera inminente le había puesto nervioso. Respiró hondo tres veces y pensó, para calmarse, que si su profesor le decía que había llegado el momento seguramente es que no era peligroso hacerlo. Se sentó en el asiento del conductor mientras Maximiliano lo hizo en el de la derecha. El grajo empezó a explicarle:

—Aquí tienes el volante, el pedal del acelerador y el del freno, el indicador de velocidad, la palanca del freno de mano para cuando dejas el coche aparcado…

Maximiliano le enseñó que, antes de arrancar y como en cualquier otra tarea, había que hacer una pequeña inspección y comprobar que todo estaba en orden. El grajo fue desgranando sus consejos con su voz de graznido, tranquilamente, sin grandes aspavientos:

—Asegúrate que los espejos retrovisores están bien colocados, que tienes el cinturón de seguridad bien puesto, que la puerta está bien cerrada…

Teodosio escuchaba con atención, sin perder detalle.

—Muy bien —comentó el grajo—. Ya que lo has entendido todo, arranca y sal lentamente.

El jabalí arrancó el motor y, a continuación, puso el freno de mano, se soltó el cinturón de seguridad y, muy lentamente, abrió la puerta del coche y se bajó. Maximiliano tartamudeó, incrédulo:

–Ppp…pero ¿A dónde vas a ahora?

Teodosio le miró desde fuera del coche con cara de no entender nada porque había cumplido al dedillo las instrucciones que había recibido.

–Me has dicho que saliera lentamente…

–Noooooo. Lo que yo quería decir es que salieras lentamente hacia adelante, conduciendo, ¡no que te salieras del coche! –puntualizó el grajo justo después de golpearse la frente con la punta del ala mientras miraba hacia arriba.

–Aaaahh –expresó lentamente el jabalí.

Se sintió un poco avergonzado, pero tampoco mucho. A fin de cuentas había hecho lo que su profesor le había pedido. No era culpa suya si no le había dado instrucciones claras. Es más, cuando uno está aprendiendo tiene que aceptar que va a cometer errores. Por eso, sin más lamentaciones, se volvió a meter en el coche, se abrochó el cinturón y el coche empezó a moverse hacia adelante.

III

Conducido por Teodosio, el coche empezó a moverse lentamente por una zona en la que había muy pocos árboles, pero al jabalí le parecía que iba a toda velocidad y que venían hacía él como buscando chocar con su vehículo. Iba sudando, resoplando, dando varios giros del volante a la derecha, para luego ver que un árbol se aproximaba y era necesario rotar hacia la izquierda. Otro árbol aparecía justo delante y entonces volteó frenéticamente el volante para el otro lado. Al acabar la mañana estaba agotado, pero ya conseguía moverse entre los troncos girando lo necesario, sin precipitación.

A medida que empezaba a tener más confianza, iba más deprisa. Una ardilla se cruzó en su camino, le miró, se quedó paralizada en el medio, dio un respingo y salió hacia atrás. De repente cambió de opinión y saltó de nuevo hacia delante. Teodosio pegó un frenazo y consiguió detener el coche a tiempo de no atropellar al pobre animal.

—¡Buenos reflejos! —afirmó el grajo—. Pero debo decir que ibas demasiado deprisa. Estabas cogiendo confianza, y eso está bien, pero a veces con ella llega la imprudencia y tú te habías confiado demasiado. Procura ir siempre un poco más despacio de lo permitido para hacerlo con seguridad.

Siguieron conduciendo el resto de la mañana a la par que el sol iba ascendiendo y empezaba a apretar el calor. Durante su recorrido por un camino bastante ancho, una tortuga terrestre, grande, amarronada y pachorra, apareció cruzando la travesía. Teodosio, que ya había aprendido la lección, pudo detener el coche antes de atropellarla. Esperó a que la tortuga cruzara pero, como se demoraba, tocó el claxon impacientemente. Estaba dando pequeños saltitos, rebotando el culo en el asiento del coche, mientras murmuraba:

—Vamos, que no tenemos todo el día.

La tortuga alzó la cabeza y miró al coche con parsimonia. Maximiliano le observó y le consultó:

—¿Por qué tocas la bocina?

—Es que esa tortuga está cruzando muy despacio.

—Bueno, mira, pues eso no está bien —le recriminó—. La bocina está para evitar un choque o un atropello, no para apresurar a nadie. Es un poco maleducado usarlo para eso, ¿no crees?

–No sabía esas cosas de la conducción… –declaró Teodosio para intentar justificarse.

Maximiliano, mirando hacia abajo reflexivamente, continuó:

–En realidad no se trata solo de conductores. ¿Sabes? En general, en cualquier circunstancia hay que ponerse en la situación de los demás. ¿Cómo te sentirías tú si fueras una tortuga, no pudieras ir más deprisa y alguien te sobresaltara con el claxon de un coche?

Teodosio lo había entendido y se encontraba un poco avergonzado. Maximiliano le dio un cariñoso pescozón con la punta del ala para animarlo.

–No pasa nada. Estás aprendiendo, pero procura recordarlo.

El jabalí asintió más animado y, para arreglar un poco la situación, bajó la ventanilla y saludó a la tortuga, deseándole un buen día.

Después del paseo del día, Teodosio estaba emocionado. Quería aprender más y más cosas sobre los coches y la conducción. Le hizo varias preguntas más a Maximiliano para saciar su hambre de conocimiento.

–Eres un alumno excelente. Haces los deberes que te pido y tienes curiosidad por aprender más cosas. Estoy seguro de que pronto podrás conducir tú solo.

Y así fue. Naturalmente pasaron aún muchos días en los que Teodosio tuvo que perseverar y continuar preparándose. Había veces en los que le parecía que no progresaba y se desanimaba. Maximiliano le explicó que eso era algo que ocurría normalmente cuando aprendías algo nuevo y complicado: que en algunas ocasiones avanzabas muy deprisa y otras que te quedabas atascado sin mejorar. En esos casos, decía, hay que continuar practicando y esforzándose hasta que, un buen día, vuelves a evolucionar.

—Es muy fácil empezar a aprender algo nuevo. Lo difícil es seguir esforzándose cuando el aprendizaje se estanca, pero ninguna barrera es imposible de superar para quien tiene la suficiente paciencia y perseverancia.

Después de varios días de prácticas y estudio, Teodosio ya era capaz de manejar un coche él solo con seguridad, respetando y siendo cuidadoso con los demás habitantes del bosque. Se sentía muy orgulloso de lo que había logrado y pensó en contárselo a sus primos. Para darles esa buena noticia les escribió un mensaje, informándoles que sabía conducir y que, si alguna vez se iban de viaje juntos, podrían alquilar un coche y él ponerse al volante.

<h1 style="text-align:center;color:#e8833a">Temas tratados</h1>

- Independencia.
- Enseñanza:
  - Aprendizaje continuo.
  - Paciencia.
  - Confianza en el profesor.
  - Teoría vs. practica.
- Respeto a otras personas.

<h1 style="text-align:center;color:#e8833a">Comentarios</h1>

Un nuevo capítulo y un reto inédito para Teodosio: aprender a conducir. La motivación para hacerlo es conseguir más independencia y movilidad. Puede haber muchos motivos para instruirse en algo nuevo y este es uno más, pero me parece uno muy bueno. Sin duda una habilidad que cambiará su vida para siempre.

La madre de una amiga mía sostenía que no era necesario aprender a conducir. Lo afirmaba cuando todavía no existían los nuevos servicios de vehículos con conductor o de automóviles compartidos, asegurando que uno podía arreglarse a base de transporte público. Aun estando de acuerdo en las virtudes de este tipo de opción, me espantaba la renuncia de partida a una habilidad que a mí me parecía tan útil. A pesar de que, por supuesto, casi ningún conocimiento que no sea básico (como leer o escribir) es imprescindible para sobrevivir en la sociedad actual, siempre he tenido claro que no es buena idea rechazar de plano el aprendizaje de algo, sobre todo si va a tener una clara aplicación práctica.

Aparte de esa pincelada inicial, este capítulo contiene, sobre todo, reflexiones relacionadas con la enseñanza. La primera es que uno debe estar siempre en disposición de aprender algo nuevo. Un profesor de universidad amigo mío decía que pronto se acabaría el viejo modelo de estudiar en una carrera todo lo necesario para el desempeño de una determinada profesión. Que el nuevo sistema estaría caracterizado seguramente por estudios no tan largos y, una vez finalizados, vuelta a las aulas cada cierto número de años para formarse en nuevos conocimientos y reciclarse.

Creo que estaba completamente en lo cierto porque el mundo avanza cada vez más rápido, en especial en ciertas áreas de conocimiento, y lo aprendido hace quince años puede no ser necesariamente válido hoy. El modelo se ha ido desarrollando en esa dirección. El Plan Bolonia en Europa ha reducido las licenciaturas en España de cinco a cuatro años y cada vez es más habitual la formación continua en el mundo de la empresa. Pienso que la universidad tradicional ha perdido la mayor parte del pastel de esta nueva docencia, que se han llevado organizaciones más flexibles y prácticas como las escuelas de negocios de postgrado, las academias (de idiomas, por ejemplo), las consultorías de diversos tipos y hasta las mismas empresas, que han desarrollado sus propios programas formativos y hasta de certificación. En este último caso podemos citar a Microsoft, por ejemplo, cuyos diplomas probablemente tienen más aceptación y demanda que muchas licenciaturas universitarias. CEMEX, en concreto, tiene un buen catálogo de cursos en línea gratuitos para los empleados y hasta dedica uno o dos años a formar a los ingenieros recién contratados en un programa que llama "profesionales en desarrollo", en el que alterna teoría con estancias en diferentes fábricas.

Claramente, la formación de la universidad no resulta suficiente. Soy consciente de que estos centros formativos superiores no solo educan para las necesidades de la empresa o la administración, pero creo que algo, quizás demasiado, se está quedando fuera de sus planes de estudio. Personalmente entiendo la educación como algo que va mucho más allá del instituto o la universidad. Como padres, hijos, jefes, compañeros…en cualquier momento nos vamos a encontrar enseñando o aprendiendo. Es vital saber ejercer como alumno y como profesor.

Ese mismo paradigma de "a los 23 años ya sabía todo lo que necesitaba para la vida" es el que rige el, para mí, anticuado y defectuoso sistema de selección de personal que utiliza el Estado: la oposición. Por equitativo que pueda ser, no tiene ningún sentido otorgar un puesto de trabajo vitalicio a una persona porque, generalmente al inicio de su carrera, fue capaz de memorizar un temario mejor que los demás que se presentaron al examen. ¿Conserva ese conocimiento años después? ¿Es relevante aún ese contenido aprendido? ¿Qué hace con ese saber en el día a día? Esas son las preguntas que deberían importar y gobernar la relación laboral del Estado con sus empleados, al igual que ocurre en otros sectores.

Si se tiene la ocasión de elegir un profesor, se debe buscar uno que sea paciente. No importa el que uno sea adulto. La paciencia, junto con la pedagogía o capacidad de transmisión y motivación, es la habilidad por excelencia de un buen docente. Si el tuyo no la tiene, búscate otro. Por supuesto debe poseer un buen conocimiento del tema que enseña, pero también esos aspectos que lo conviertan en el mejor emisor del saber. Una vez garantizadas esas características (hay otras, claro) solo queda confiar en él.

Hace tiempo empecé a recibir clases de pilotaje. Un buen día, mi instructor, tras hacerme despegar y aterrizar varias veces la avioneta sin tocar él los mandos, me pidió salir de la pista un momento y me dijo: "ahora me voy a bajar del avión. Tú vas a volver a la pista y quiero que despegues, realices el patrón de tráfico alrededor del aeropuerto y aterrices. Repite ese ciclo tres veces. Yo estaré aquí comunicándome contigo con la radio. Adelante". Nunca había volado solo. El corazón se me aceleró, pero pensé: "este hombre ha enseñado a decenas de pilotos. Si me pide que lo haga es porque puedo hacerlo. Tengo que confiar en él". Y bueno, hice lo que me pidió perfectamente y debo decir que fue una de las sensaciones más gratificantes de mi vida. Una experiencia que sin duda nunca olvidaré y que me permite clarificar perfectamente la actitud que debe mostrar el aprendiz y el maestro ante el siempre complejo y apasionante proceso formativo. Alumno: elige bien a tu profesor y luego confía en él. Profesor: antes o después tendrás que soltar al alumno para que vuele solo.

Otro pequeño consejo contenido en este capítulo es la necesidad de alternar la teoría con la práctica. Lo que más cuesta arriba se me hizo en los estudios de ingeniería fue el pasar año tras año estudiando teoría y resolviendo problemas imaginarios sobre una hoja de papel, pero sin pisar ni una sola vez una fábrica, ni poner mis manos sobre un motor hasta el último año de carrera (y aún entonces solo durante un día). En contraste, lo que más me ayudó en mi formación como piloto fue alternar el estudio de la navegación aérea, meteorología o instrumentación del avión, con las clases de pilotaje. Subirse al avión y ¡pilotar! Siempre debe buscarse, por todos los medios, alternar teoría con práctica. Por incrementar la motivación, por fijar mejor el aprendizaje, por disfrute, por lo que sea... pero hay que hacerlo. Aunque parece muy evidente, no hay más que mirar alrededor para ver que no es tanto y lo carentes que están muchos ámbitos de aprendizaje de esta regla elemental.

También se apunta durante el capítulo a que uno puede y debe permitirse errores en el proceso de aprendizaje. Quien tutela esa formación (profesor, padre, amigo, mentor...) debe cuidar exquisitamente su actitud y reacciones ante las equivocaciones del alumno. Incluso un solo comentario descuidadamente despectivo o ácido puede dar al traste con el proceso.

Por último, y no muy alejado del tema formativo como tal, hay una breve referencia al respeto que siempre hay que profesar a otras personas, sea cual sea el contexto, la situación o las circunstancias. Esa manera de comportarse y de actuar, que también forma parte de la educación del individuo, aunque no de los contenidos propiamente teóricos que reciben durante el crecimiento personal y profesional, debe estar presente día a día. Sin excepción y sin excusas. Como en la historia del jabalí y los peatones en el camino.

Algod

Teodosio y sus primos, en el parque de atracciones

I

El otoño había comenzado en el bosque. Desde la ventana de su cabaña, Teodosio veía las copas de los árboles que se extendían en las laderas de los montes, al otro lado del valle. Las hojas de algunos de ellos se habían puesto amarillas, otras naranjas, las menos de un color rojo que uno no habría imaginado posible en un árbol. También las había en forma de aguja, como las de los pinos, que, sin embargo, seguían de un color verde intenso.

De cuando en cuando, el jabalí veía una hoja desprenderse de alguno de los árboles cercanos a su cabaña y planear, meciéndose de un lado a otro, hasta aterrizar sobre las ya caídas en el suelo. Algunos días, las nubes habían traído unas breves lluvias otoñales, que habían hecho reverdecer un poco las praderas, secas tras el caluroso verano. Por las mañanas y algunas tardes soplaba un vientecillo fresco, pero, al mediodía, las jornadas que no estaban nubladas lucían con un resol tibio. El bosque adquiría todo un aire de tranquilidad y melancolía después de la actividad del verano, que a Teodosio le gustaba mucho.

Un día, el jabalí recibió la visita de Rufina, la paloma mensajera. Le trajo una nota de sus primos, que le saludaban recordándole lo bien que lo habían pasado en el crucero y proponiéndole, ahora que no hacía demasiado calor y que el tiempo aún era agradable, ir un día al parque de atracciones. Leyó la misiva con una mezcla de emoción e inquietud. Le atraía la idea que los tres cerditos le proponían, pero no sabía si subirse en aquellas atracciones le daría miedo o, simplemente, un mareo tremendo. Tras reflexionar unos momentos, pensó en que, por una vez más, era bueno salir de su confortable cabaña y vivir otra pequeña aventura en compañía de sus primos. Así que les escribió una breve carta aceptando su oferta y se preparó para ir al parque, que se situaba cerca de la casa de los tres cerditos.

El jabalí y sus primos se encontraron en el día acordado a la entrada del recinto, compraron las entradas y accedieron muy contentos. El parque era un espacio grande, con calles muy limpias, al lado de las cuales estaban las diferentes atracciones. Predominaban los colores fuertes: azules intensos, verdes eléctricos, rojos brillantes... Había puestos que vendían perritos calientes, patatas fritas, algodón de azúcar y otras cosas más, todas muy apetecibles, aunque no muy sanas según Adolfo, que daba mucha importancia a la comida saludable. En cada esquina sonaba una musiquita diferente.

Teodosio miraba embobado a un lado y a otro. Venancio estaba nervioso de pura emoción e iba de una acera a otra de la calle dando saltitos, mientras Lolo trataba de contenerse para no cantar a voz en grito y Adolfo observaba el plano del parque tratando tranquilamente de trazar un plan para visitar las atracciones.

—No creo que nos dé tiempo a subirnos en todas. Hay demasiadas. Tendremos que elegir. —advirtió.

Teodosio miraba a su primo y al plano alternativamente, mientras la decepción se pintaba en su cara.

—¿De verdad que no podremos disfrutarlas todas? —dijo con carita de pena, apuntando un poco el hocico hacia el suelo.

—No. Pero mira, no tienes que fijarte en lo que no vamos a poder disfrutar. Siempre hay algo a lo que tendrás que renunciar. En el parque de atracciones o en cualquier otro sitio. Lo importante es poner tu atención en lo que vas a gozar y exprimirlo a tope. Sacarle todo el jugo. ¡Pasárselo bomba! —replicó el cerdito mayor mientras agitaba al aire su pezuña derecha con entusiasmo, sacudiendo con convicción el mapa del parque que aún sostenía en la izquierda.

A Teodosio le pareció que su primo tenía razón y se dispuso a centrarse en la ilusión de disfrutar las atracciones del recorrido que habían elegido.

Hablando de disfrutar, mientras Teodosio y Adolfo hablaban, Lolo y Venancio se habían comprado un algodón de azúcar cada uno en un puesto al otro lado de la calle y venían comiéndoselo con cara de felicidad. Era enorme, como una nube rosa, que se confundía con el volumen también rosado y redondo de los dos cerditos. Al jabalí se le abrieron los ojillos castaños.

—Oooohhh. ¡Qué buena pinta tiene eso! ¿Me dáis un poco? Esperad, no. Mejor me compro uno para mí.

Y se fue corriendo al puesto a por uno de color azul. Ya que estaba en el quiosco de los algodones de azúcar, compró otro para su primo Adolfo y volvió con uno en cada mano.

Los cuatro primos se pusieron a comer los algodones. Las pegajosas hebras de color rosa empezaban a adherirse a sus hocicos. Como el de los cerditos era del mismo tono que el dulce, no se notaba demasiado, pero en el pelaje pardo de Teodosio resaltaban tremendamente. Se estaba poniendo perdido.

El algodón era más grande de lo que parecía en un principio. No conseguían acabárselo. Cuando se giraban para hablar uno con otro, se tocaban con el algodón en la espalda, el costado o el cogote. Inmediatamente las hebras se quedaban pegadas en el lugar de contacto. Antes de darse cuenta, tenían más adheridas por todas partes que alrededor del palito. ¡Menudo cuadro!

Acabaron por tirar lo que les quedaba de algodón en una papelera. Los cuatro primos se miraron. Se señalaban los trozos que tenían pegados por todas partes. Al principio se reían a carcajadas, pero luego les empezó a resultar muy incómoda la sensación pegajosa. Tuvieron que buscar un baño y pasar un buen rato lavándose el hocico y frotándose el lomo unos a otros.

–Creo que no pensamos bien esto de los algodones –reflexionó Lolo–. Deberíamos haber comprado solo dos y compartirlos. Siempre podríamos haber adquirido otros dos después, si aún queríamos más.

–Pues sí –admitió Venancio entre risas–. Se nos ha ido la mano, digo la pezuña. Y nos hemos puestos sucísimos.

–Está bien. Ya no tiene remedio –agregó Adolfo, justo antes de que los cuatro primos se dispusieran a continuar, o mejor dicho empezar, el recorrido por el parque de atracciones.

II

Lo primero que vieron fue la montaña rusa. Teodosio nunca había contemplado algo así. Observaba embelesado y a la vez nervioso los cochecitos que subían y bajaban a toda velocidad, dando curvas bruscas, entre los chillidos de emoción de los pasajeros. Desde luego se movían mucho más deprisa que el coche del grajo Maximiliano, con el que aprendió a conducir. Le atraía mucho, pero la sola perspectiva de cabalgar aquel sube y baja hacía que se le acelerase el corazón en el pecho.

–Bueno, ¿qué te parece, Teodosio? –le preguntó el cerdito mayor.

El jabalí aún se encontraba boquiabierto contemplando la atracción cuando le formularon ese interrogante.

–Im-pre-sio-nan-te –contestó muy lentamente, apoyando cada sílaba con admiración.

Los tres cerditos querían subirse pero Teodosio no parecía muy convencido. Lolo se interesó en ese momento por su primo.

–¿Qué ocurre? ¿No quieres subir?

–Sí –aclaró el jabalí–. La verdad es que sí que quiero subir, pero no me atrevo.

–¿Por qué no? –intervino de nuevo Lolo.

–No sé… Me da miedo.

–¿Crees que puede ser peligroso?

–No, en realidad, no –añadió juiciosamente–. Estoy seguro de que está bien pensado y construido para que a los que se suben no les ocurra nada.

–Entonces –agregó de nuevo el cerdito mediano– si sabes que es seguro, pero aun así tienes miedo, hay que superarlo.

–No sé si podré.

–Claro que puedes. Lo has hecho muy bien. Has pensado en tu miedo y sabes que no tiene fundamento; nada real en lo que basarse. Solo tienes que dar un paso adelante.

Teodosio definitivamente lo dio. Apoyado por sus primos, consiguió la entrada y se subieron los cuatro en uno de los coches. Se sentó en la fila de atrás. Está bien superar los miedos, pero no hay por qué ir más allá de lo necesario. El vagón ascendió lentamente arrastrado por una cadena y, una vez arriba, fue liberado y empezó a rodar pausadamente por la vía hasta llegar a la primera caída. Descendieron en picado mientras todos sus pelos se iban para atrás y los cuatro primos gritaban como locos, agarrándose a la barra delantera del cochecito, con las patas rígidamente estiradas y las cabezas metidas entre los hombros, mirando fijamente al fondo.

–¡¡¡¡Aaaahhhhh!!!!

Hicieron tres o cuatro bajadas y subidas. Teodosio estaba encantado; alterado por las emociones, pero a la vez orgulloso de haber superado su miedo y estar dentro de la montaña rusa. En uno de los tramos en los que el cochecito se movía lentamente, levantó las patas hacia arriba, dijo "yuhuuuu" e hizo amago de levantarse del asiento. Adolfo lo detuvo.

–¡Quieto! ¡Siéntate! ¿Qué haces?

–¡Es que ya no estoy asustado! ¡Estoy encantado!

–Está bien, primo. Me alegro de que hayas superado tu miedo, pero eso no quiere decir que cometas ninguna imprudencia.

El jabalí hizo caso inmediatamente a su primo y se quedó sentado, agarrándose firmemente a la barra. Adolfo continuó explicándole:

–Hay que seguir las normas de seguridaaaaa….

No pudo decir última letra porque el cochecito se precipitó otra vez por una de las bajadas de la montaña rusa y los cuatro primos volvieron a gritar:

–¡¡¡¡Aaaahhhhh!!!!

El pañuelo de una pasajera que iba en el coche de delante salió volando y le tapó la cara a Teodosio, enredándose entre sus pelos. Venancio se tronchaba de risa.

–¿No querías emociones fuertes? ¡Pues ahora vas a ir a ciegas! ¡Jajajaja!

Teodosio consiguió quitarse el pañuelo de la cara justo a tiempo para ver la siguiente caída. Dos giros bruscos más y ya estaban en el andén de desembarque. Los cuatro primos se bajaron con dificultad del coche. Les templaban las patas. Según salían de la atracción, comentaban con mucho aspaviento los descensos, las curvas, el pañuelo en la cara de Teodosio y lo valiente que había sido superando su miedo y atreviéndose a subir. Lo habían pasado en grande.

III

Aún estaban dándole vueltas a todo lo que habían vivido en el agitado viaje en la montaña rusa. Las subidas y bajadas, los giros casi imposibles, las anécdotas experimentadas en apenas unos minutos, sus risas casi constantes… Todo seguía muy nítido en sus inmediatos recuerdos cuando llegaron a una amplia plaza en la que había una casa del miedo, una noria y también un tiovivo. Había que decidir en ese momento el camino a seguir.

–La casa de miedo parece aterradora, pero resulta muy atrayente. Después del viajecito de la montaña rusa sería mejor algo en lo que no nos agiten –sugirió Lolo.

A todos les pareció una buena idea lo que el mediano de los cerditos sugería.

–¡Esperad! –intercedió Lolo–. El caso es que a lo mejor nos da mucho miedo… Quizás sea mejor que nos subamos en la noria. Es más tranquila que la montaña rusa, pero no asusta tanto como la casa esa.

Su primo y sus hermanos asintieron, y los cuatro se dirigieron hacia la noria. Aunque se movía despacio, era muy alta. Soplaba un vientecillo considerable y desde abajo vieron que los pelos de los pasajeros se agitaban mucho. A Lolo le pareció que demasiado y empezó a sentir un poco de aprensión.

–Pensándolo bien, quizás sea mejor que vayamos al tiovivo. La noria sube muy, muy alto. No sé si no nos dará un poco de vértigo –intentó corregir el cerdito mediano, un poco tembloroso y tragando saliva mientras miraba hacia arriba y se agarraba a una barandilla que había junto a la caseta del vendedor de entradas.

Los cuatro volvieron a cruzar la plaza en dirección al tiovivo. El carrusel era un modelo clásico, con figuras de madera pintadas con mucho detalle y colores muy vivos. Algunas se mecían suavemente o subían y bajaban mientras el tiovivo iba girando al compás de una música de organillo. En el centro, rodeado de espejos, un operador con cara de aburrido manejaba la atracción.

–Es muy bonito, pero no parece muy emocionante – opinó Lolo.

No acababan de decidirse. Se pasaron un buen rato hablando de los pros y contras de cada una de las atracciones sin ser capaces de tomar una determinación. Plantados en el medio de la explanada, discutían planteándose a qué lugar de la plaza ir.

—Creo que estamos dándole demasiadas vueltas a todo esto –comentó Venancio de pronto, provocando que los otros tres dejaran de discutir y lo miraran atentamente.

—Pues sí –se reafirmó–. Está muy bien analizar las ventajas e inconvenientes de cada una de las alternativas que uno se encuentra, pero llega un punto en que no se puede seguir por ese camino. Ya no se saca nada nuevo en limpio.

—Venancio tiene razón –valoró Adolfo–. Estamos paralizados sin tomar ninguna decisión.

—Parálisis por tanto análisis –sentenció sabiamente Teodosio, alzando la pezuña. Todos observaron con detenimiento y admiración a su primo por su gran resumen de la situación.

—¡Exacto! –recalcó Venancio–. Hay que dilucidar algo, ¡ya!

—Pppp, pero... –titubeó Adolfo–. ¿Y si nos equivocamos al tomar la decisión?

—La verdad –reflexionó Venancio–, en este caso, como en otros muchos, no hay exactamente una correcta o equivocada. Uno piensa las alternativas, las sopesa y tira para adelante.

—Ya. Suena bien. Pero cuesta mucho decidirse por una cosa y renunciar a las demás. Me pasa siempre. Me está sucediendo ahora, me ocurre otras muchas veces. Cuantas más alternativas hay, ¡peor! –dijo Lolo mientras se frotaba las pezuñas nerviosamente.

—Tampoco es tan grave la cosa –lo animó Adolfo–. Para ayudarte a tomar la decisión tienes que pensar que, cualquiera que sea la opción que tomes, en realidad no va a suponer ningún cambio importante en tu vida. Mañana seguirás siendo Lolo, el mismo cerdito feliz. Y yo Adolfo, el mismo cerdito hermano tuyo. Y Venancio. Y Teodosio…

—¡Bueno! —saltó Teodosio—. Yo no. Yo no soy un cerdo, sino un jabalí…

—Está bien, está bien —lo interrumpió Adolfo. Y resumió la situación con la madurez y sensatez habituales.

—Lo que quiero decir es que, una vez sopesados los pros y contras de este tipo de pequeñas alternativas diarias, lo mejor es decidirse por una, ya que las consecuencias no tienen apenas importancia. Si no lo hacemos así, entonces lo que se convierte en un problema serio es no tomar ninguna determinación, que te hace pasar muy mal rato para nada.

Todos lo habían entendido. Se decidieron por la casa del miedo.

IV

El interior estaba muy oscuro, tenía unos pasillos estrechos y las habitaciones se encontraban llenas de muebles polvorientos que parecían muy viejos. Los cuatro primos iban caminando muy juntos, agarrándose unos a otros. Ninguno quería ir el primero, pero tampoco el último. No había apenas nadie dentro, lo que daba aún más miedo. Al entrar en el salón, una araña enorme se descolgó del techo para espanto de Venancio, a quien le daban muchísimo asco. Pegó un salto y se subió a la espalda de Lolo. A este casi se le salen los ojos de las órbitas del susto.

—¡Ahhh! Pero, ¿qué haces, Venancio?

–Es que hay una araña enorme ahíii... –señaló con la pata hacia la esquina.

–¡Bah! ¿No ves que está hecha de tela?

–¿Seguro? –preguntó Venancio, aún no muy convencido, mientras se dejaba deslizar espalda abajo de su hermano.

–¡Pues claro que estoy seguro! ¡Ni existen arañas de verdad de ese tamaño!

El mediano de los cerditos se reía nerviosamente y hacía aspavientos moviendo las patas sin ton ni son. Sabía que era así, les dijo, pero el susto no le había dejado pensar.

Llegaron a la cocina de la casa. Estaba oscura, como el resto de las estancias. Los cacharros aparecían desordenados, apilados sobre los mostradores y la mesa. Había una lámpara apagada que colgaba del medio de la habitación. En un lado se veía una despensa grande con la puerta entreabierta.

Los cuatro primos se quedaron parados en el medio de la cocina sin saber qué hacer. Lolo vio de reojo una pata peluda que salía de la rendija de la puerta de la despensa. Él la conocía bien. Era la misma que había visto asomarse por debajo de la de su casa antes de que los soplidos del lobo la derribasen. Paralizado por el miedo, tocó insistentemente la espalda de Adolfo. No le salían las palabras.

–Aaadd....doool...foooo –susurró sin aliento.

Los cuatro primos prestaron atención a Lolo, que apenas acertaba a señalar hacia la despensa.

–El lo… El lo… –decía sin acertar a terminar la palabra mientras tragaba saliva.

La puerta de la despensa se abrió lenta y chirriantemente y, desde dentro, salió un lobo enorme, negro y peludo, que les sonreía malévolamente enseñando unos dientes enormes. Los tres cerditos dieron un salto y salieron corriendo como alma que lleva el diablo, seguidos de Teodosio quien, aunque nunca había tenido una mala experiencia con un lobo, conocía de sobra la historia.

–¡Ahhhhhh!– gritaban los cuatro mientras salían desordenadamente a toda velocidad, tirando cubiertos y cacharros de cocina que caían al suelo con estrépito. Las prisas provocaron resbalones y agarrones de los unos a los otros.

El lobo se quedó plantado en medio de la cocina, se quitó la máscara -ya que no era en realidad un lobo sino un actor, empleado de la casa del terror-, miró con asombro a la puerta por la que había huido los cuatro primos, se rascó el mentón y dijo pensativo:

–Pues vaya. Sí que les he metido un buen susto, sí.

Teodosio y los tres cerditos fueron informados convenientemente a la salida de la casa de que el lobo no era tal y de que, como tantas otras cosas de las que uno tiene a veces miedo, no era algo real. Habría bastado con pensar eso para evitarse el mal rato. Se quedaron con cara de haba, pero los cuatro se alegraron mucho de que así fuera. No tenían ningún ánimo para enfrentarse a un lobo de verdad, ni dentro ni fuera de la casa del miedo.

El día se les había pasado volando y los cuatro primos volvieron a su hogar comentando lo vivido en voz muy alta, haciendo muchos gestos y dando saltos nerviosos por la acera, a la par que revivían todas las experiencias emocionantes que habían sentido en aquel día tan divertido.

Temas tratados

- Salir de la zona de confort.
- Pensamiento estratégico y toma de decisiones.
- Justo a tiempo (Lean).
- Superar los miedos.

Comentarios

"Salir de tu zona de confort" se ha convertido en una de las expresiones más recurrentes en nuestros tiempos. Alude a abandonar la rutina y la comodidad para aceptar nuevos retos para los que puedes o no estar preparado, pero ante los que posiblemente sea la vivencia en primera persona la que termine por dar valor a la elección tomada. No apunta únicamente a cuestiones profesionales o laborales, que también, sino que además se menciona para citar propuestas personales a las que te enfrentas en tu día a día.

En este capítulo, Teodosio elige esa posibilidad: abandonar su casa por un día y aceptar la oferta de hacer algo diferente, tal y como sucede cuando decidimos embarcarnos en un nuevo proyecto o cambiar de trabajo. Salir de la zona de confort es difícil. Una de las causas es que resulta mucho más fácil ver lo que se pierde, lo que se va a dejar atrás, que visualizar lo que se puede ganar. Pero el caso es que, sin dar ese paso, no es posible disfrutar de nada nuevo ni de aprovechar las oportunidades que aparecen en tu vida.

Durante un ejercicio *Lean* que he realizado a veces durante formaciones, se solicita a dos voluntarios ponerse en pie. A uno de ellos se le pide que cambie algo en el otro. El participante primero elige en qué consiste esa modificación. La mayoría de las veces optan por quitarle algo al otro: las gafas, la chaqueta, el reloj... Solemos asociar cambio a pérdida y eso es lo que lo hace más difícil de admitir. Es necesario esforzarse por ver las ganancias y novedades que la variación va a traer, en vez de las certezas de lo que se deja atrás.

Hay una buena parte del cuento dedicada a la toma de decisiones, que está muy relacionada con el planeamiento estratégico. Este no es más que, a fin de cuentas, elegir unas alternativas para descartar otras. Michael Porter, uno de los principales ideólogos en este tema, incidía precisamente en esta idea. Ser eficiente, decía, no es estrategia, sino simplemente es hacer las cosas bien. La verdadera estrategia supone un proceso de análisis y selección.

Estoy completamente de acuerdo con esas palabras. Asumir la renuncia a lo que se descarta y evitar quedarse atascado en la deliberación es una actitud que hay que adoptar. En muchas ocasiones, las decisiones son triviales (como en el caso del cuento, al elegir una atracción de la feria frente a otra) y la manera de romper el bloqueo es pensar que cualquiera que sea la alternativa seleccionada no va a suponer un cambio radical en nuestras vidas. Se analiza, se elige, se ejecuta y se mueve uno hacia adelante. Cuando se trata de decisiones más complejas, el impacto puede ser mayor, pero entonces hay que tener en cuenta que es imposible predecir todas las consecuencias de, por ejemplo, elegir un trabajo frente a otro, o una pareja en lugar de otra. En esos casos, de nuevo, hay que hacer un análisis. Incluso hay quien sostiene dejarse llevar por la intuición, gobernada por pensamientos laterales o de fondo, difíciles de traer a un plano consciente.

Pero, en cualquier circunstancia, hay que asumir que no se tendrá nunca la seguridad de que todo vaya a salir bien y que, una vez elegido un camino, habrá que ir gobernando la nave según avance. Incluso hay que admitir que, en ocasiones y como sucede en el cuento, uno tendrá que continuar el viaje con una venda en los ojos durante un tiempo, sin saber muy bien por dónde va o qué le deparará el futuro más o menos inmediato. Por momentos, las cosas parecerán no seguir el curso previsto. Otras aparentarán ir perfectamente. En el primer caso hay que luchar contra el desánimo. En el segundo contra la euforia y la imprudencia, tal y como le ocurre a Teodosio en su viaje en la montaña rusa.

Aparece en este capítulo una leve referencia a la metodología *just in time* cuando los primos adquieren más algodón de azúcar del que en realidad se iban a comer y acaban por desperdiciarlo. Personalmente, como castellano que soy, traigo de serie la austeridad que, para mí, es la personalidad que más encaja con la filosofía *Lean*. Ello me ha hecho adoptarla con facilidad en el trabajo y en la vida. No solo permite reducir inventario y desperdicio, sino que también ayuda a llevar una vida más sana, sin crearse necesidades esclavizantes. "Ten las máximas aspiraciones pero mantén expectativas moderadas y necesidades mínimas" es una frase popular que me parece un resumen perfecto de una filosofía de vida *Lean*.

Por último, el cuento también habla de nuestros miedos y de cómo muchos de ellos resultan no ser reales. Están basados en suposiciones, intuiciones o cuestiones que escapan de toda lógica, abrazando aspectos en muchos casos irracionales o formales como pueden ser los derivados de interaccionar con un directivo de gran relevancia o jerarquía. Incluso detrás de los personajes (el jefe, el competidor, el auditor…) que a veces nos atemorizan y bloquean, existen personas como nosotros.

Un compañero de ingeniería en la Universidad de Valladolid (España) usaba el divertido truco de imaginar a las personas que más lo intimidaban de la manera más humana y mundana posible: sentados en el inodoro con los pantalones por las rodillas. Pensar en esos personajes como seres tan vulnerables como nosotros nos ayuda a veces a humanizarlos, a dejar de verlos como un antagonista hostil y a tratar con ellos evitando la parálisis del miedo.

Teodosio y el muñeco de nieve

I

El invierno había llegado sin sentir. Los días eran cortos y las noches largas, pero Teodosio no se había dado cuenta. Sí notaba, en cambio, que eran menos habituales las jornadas de buen tiempo, en las que le apetecía estar largo rato jugando entre los árboles. Cada vez llovía con más frecuencia y las mañanas eran frías durante mucho rato, hasta que el sol empezaba a adquirir un poco de fuerza y templaba el lomo del jabalí mientras hociqueaba entre la hierba.

Un buen día, cuando se despertó, se dio cuenta de que por la noche había nevado intensamente. Al asomarse desde la entrada de su cueva vio como todo el bosque estaba cubierto por un capa blanda y blanca inmensa, que reflejaba la suave luz invernal, iluminando todo el paisaje. Se notaba quietud y silencio, en parte porque los animales estaban refugiados en sus guaridas o quietos, y en parte porque la nieve amortiguaba los sonidos, apagándolos apenas se producían. A ratos se oía el crujido de alguna rama que se doblaba bajo el peso de los copos, que resbalaban y se precipitaban hacia el suelo, produciendo un leve ruido sordo al aterrizar sobre el manto que cubría el suelo. Del arco de la entrada de la gruta colgaban varios carámbanos de hielo, trasparentes y brillantes. Alguna gota de agua se deslizaba despacio por ellos y el sol de la mañana ponía iridiscencias en ellos.

Teodosio se alegró mucho al ver la nieve. A pesar del frío, ¡estaba todo tan bonito! Aunque como todos los jabalíes tenía un pelaje muy espeso que le abrigaba, le gustaba vestirse para la ocasión y se puso un gorro rojo con pompón y una bufanda del mismo color que le daba dos vueltas al cuello y en cuyos extremos tenía unos flecos que le llegaban hasta la tripa. Arreglado de esa manera salió de su cueva y se puso a dar saltos de alegría por la nieve, viendo las huellas que dejaba a su paso y salpicando de un lado para otro.

Se sentó un rato en una roca para recuperar el aliento. En su respiración agitada notaba el aire frío y limpio entrando a sus pulmones. Mientras contemplaba las huellas que había dejado, oyó a la ardilla Valentina que lo saludaba desde lo alto de una rama.

—¡Buenos días, Teodosio!

Valentina siempre estaba de buen humor y eso era algo que todos los animales del bosque apreciaban. A todos les caía bien.

—¿Has visto qué nevada tan grande? ¡Está todo precioso! —dijo frotando sus manitas.

—Sí. Ya lo he visto —suspiró el jabalí mirando alrededor, cansado de tanto salto, pero con una sonrisa en la cara.

La ardilla vestía un gorrito como el de Teodosio, pero mucho más pequeño y de color verde. Parecía un duendecillo.

—¿Por qué no hacemos un muñeco de nieve? —propuso de repente.

Teodosio se sorprendió, pero no le desagradó para nada esa sugerencia de su amiga la ardilla.

–¡Vale! ¡Qué buena idea!

Valentina estaba encantada y daba saltos de un lado a otro de la rama. Dio uno más fuerte, impulsándose con fuerza fuera del árbol, y aterrizó sobre las cuatro patas, muy cerca de Teodosio.

–¡Vamos a ir apilando nieve!

–Espera un momento –interrumpió Teodosio pensativo–. ¿No deberíamos hacer un plan?

–¿Cómo? –consultó Valentina un poco confusa.

–Ignacia dice que cuando uno va a construir una cosa, hay que hacer antes un plan –le explicó el jabalí.

Valentina era muy amiga de Ignacia, la castora ingeniera, la misma que había ayudado a Teodosio a construir su cabaña en el árbol. La apreciaba mucho, pero en esta ocasión quería puntualizar esas ideas que el jabalí grabó a fuego en su cabeza cuando estaban inmersos en la edificación de su casita.

–La castora es muy lista y tiene mucha razón, pero en este caso no es aplicable su teoría –subrayó la ardilla.

–¿Por qué no? –interpeló sorprendido Teodosio.

La amiga del jabalí tenía muy claro el porqué, pero pensó unos segundos para tratar de explicárselo a Teodosio de la mejor manera posible.

–Pues porque se trata de una cosa sencilla, que no requiere de tantos planes. Además, tampoco pasa nada si no sale perfecto. Se trata de divertirse.

–Ya…–el jabalí lo entendía.

–¡Este es un caso claro en el que hay pasar a la acción inmediatamente! –recalcó con entusiasmo a la vez que golpeaba la nieve con la patita.

Finalmente, Teodosio estuvo de acuerdo con esas afirmaciones realizadas por la ardilla. Así que, sin más dilación, se puso a hacer una gran bola de nieve que sería la parte de abajo del muñeco.

II

Teodosio y Valentina estaban felices realizando su muñeco de nieve. Habían hecho rodar una inmensa bola blanca hasta que era tan grande que le llegaba a Teodosio por la mitad del cuerpo. Cuando empezaban a hacer lo propio con la segunda, hizo su aparición el zorro Aurelio, que posee un pelaje muy espeso que le ayuda a no tener nunca frío, independientemente de la temperatura.

–Buenos días, amigos. ¿Qué hacéis?

–Estamos haciendo un muñeco de nieve –aclaró Valentina–. ¿Quieres ayudarnos?

El zorrito no se lo pensó dos veces. Aceptó encantado. Enseguida tomó la iniciativa de colaborar sin que nadie se lo tuviera que pedir.

–Mientras vosotros rodáis esa bola, voy a buscar unos guijarros para los botones y los ojos del muñeco –indicó. Y se marchó dando saltos, camino del río.

No habían pasado más de cinco minutos y Aurelio ya estaba de vuelta. Traía varías piedras del cauce del riachuelo, de esas que se han pasado siglos desgastándose con el agua, casi perfectamente redondas y de diferentes colores. Las dejó en el suelo, como un muestrario.

Pusieron la segunda gran bola de nieve sobre la primera. Entonces, seleccionaron 5 o 6 piedras del mismo tamaño y las colocaron a modo de botones sobre la que estaba más arriba.

—Ahora vamos a hacer la cabeza –sugirió Teodosio.

El jabalí y el zorro se pusieron a hacer otra bola. Como ya eran demasiados en la misma tarea, Valentina tomó la iniciativa de acometer otra labor para seguir avanzando en la elaboración del muñeco de nieve.

—Voy a buscar unas ramas para hacer los brazos –anunció. Se subió al árbol más cercano de un salto y de allí pasó al siguiente, mientras miraba con atención a uno y otro lado.

La ardilla no quería arrancar ninguna rama, así que pasó un buen rato rastreando algunas rotas hasta que encontró las que andaba buscando. Ni muy finas, para que el muñeco no tuviera brazos de palillo, ni muy gruesas, que el tronco de nieve no pudiera sujetar.

Cuando llegó con las ramas, Teodosio y Aurelio ya habían colocado la bola que hacía de cabeza y, sobre ella, dos cantos negros, brillantes y redondos, a modo de ojos. ¡Poco a poco el muñeco de nieve iba tomando forma y tenía un aspecto fabuloso!

—Esperad aquí –solicitó el jabalí–. Voy a por una cosa a mi cueva.

Teodosio se alejó del muñeco sin dar más explicaciones y volvió al cabo de un rato con una zanahoria en la mano.

—Mmmm –balbuceó Aurelio–. ¿Ya tienes hambre Teodosio? Aún no hemos terminado el muñeco.

—No hombre. Me he acordado de que en mi despensa tenía guardadas un montón de zanahorias para el invierno y he pensado que podíamos usar una para hacer la nariz del muñeco.

Valentina estaba encantada y aplaudía, agitando con rapidez sus patitas.

–¡Sí! ¡Eso! Será una nariz estupenda y además le dará un toque de color.

Teodosio le colocó la zanahoria al muñeco justo debajo de los ojos. Aurelio le dibujó una sonrisa, pero apenas se veía, así que a Valentina se le ocurrió rellenar la hendidura con un poco de tierra. Ahora se distinguía perfectamente la boca del muñeco desde lejos.

A pesar de los avances, aún parecía que le faltaba algo. La ardilla se quitó el gorro y se lo puso al muñeco de nieve. Los tres animales lo miraron. ¡Quedaba ridículamente pequeño! Lo mismo pensaba el jabalí, que puso las patas en jarra mientras contemplaba todos los detalles con cierta perspectiva.

–No queda bien –opinó.

–Pienso lo mismo –apoyó Aurelio.

–No pasa nada. Estamos probando. ¡Hay que experimentar! –añadió Valentina. De un salto le quitó el gorrito al muñeco y se lo volvió a colocar en su cabecilla.

–Espera un momento –advirtió Teodosio muy animado–. Ese gorro es muy pequeño pero el mío puede que no.

Sin más dilación se quitó el suyo, rojo con pompón, y se lo colocó al muñeco. Ponerle el gorro le dio la idea de añadirle su bufanda. Se la desenroscó del cuello y se la acomodó al muñeco. Quedaba perfecta.

–Pero ahora tendrás frío, ¿no? –le consultó Aurelio, que además de ser listo era un animal muy considerado.

–No creas. Con tanto ejercicio no tengo nada de frío. Pero gracias por preocuparte de mí –le contestó el jabalí mientras daba una palmada en el lomo del zorro.

Valentina, por su parte, no podía más que estar encantada con el resultado del trabajo al unísono del jabalí, el zorro y ella misma.

—¿Veis? Los experimentos, aunque salgan mal, también llevan a buenos resultados. Ponerle mi gorro no funcionó, pero eso nos dio la idea de ponerle el de Teodosio. Y de ahí se nos ocurrió colocarle también la bufanda…

Aurelio y Teodosio asintieron, contemplando muy contentos lo bien que lucía la obra fruto del trabajo colectivo. El desenlace había sido un estupendo y divertido muñeco de nieve.

—De todos modos —agregó el jabalí—, no se trata solo de que haya resultado bonito, sino de lo bien que lo hemos pasado en el proceso de hacerlo. ¿Verdad?

—¡Pues claro! —dijo entusiasmada Valentina mientras saltaba de rama en rama, muy contenta.

III

La satisfacción colectiva no impedía que Aurelio continuara contemplando el muñeco de nieve de manera pensativa. Le gustaba el aspecto que tenía, pero seguía dándole vueltas a otras ideas.

—¿En qué piensas? —preguntó el jabalí.

—Pues estaba reflexionando sobre qué más cosas podríamos añadirle —confirmó el zorro ante la presencia de Teodosio, que, al escuchar esas palabras, volvió su mirada de nuevo al muñeco de nieve.

—¿Crees que le falta algo? —cuestionó al zorro.

—En realidad no, pero le podríamos poner más cosas. Por ejemplo, una escoba o una chaqueta que encontráramos en alguna parte.

Teodosio pensó en lo que le sugería Aurelio. Lo que decía era verdad, le podrían añadir más complementos, pero había algo que no le convencía de la idea.

—Es verdad que podríamos añadir más cosas —admitió el jabalí—, pero en realidad no serían necesarias.

—¿Tú crees? —consultó Aurelio, provocando que Teodosio pusiera más empeño si cabe en explicar su punto de vista.

—Sí, así pienso. Creo que está muy bien así, que no es necesario ponerle más complementos solo porque podamos hacerlo. Si añadimos más cosas lo haremos más complicado, pero no lo haremos mejor.

El zorro meditó un momento y comprendió lo que el jabalí le decía. Estuvieron de acuerdo.

Aurelio, Valentina y Teodosio continuaban aún contemplando el muñeco cuando vieron a Maximiliano, el grajo, que descendía desde el cielo lentamente, volando en círculos hasta aterrizar muy cerca de la reciente obra hecha de nieve.

—Buenos días —saludó—. ¡Vaya muñeco de nieve más bonito! ¿Lo habéis hecho vosotros?

Los tres amigos asintieron y sonrieron encantados. Maximiliano lo contemplaba de cerca y resultaba una imagen curiosa ver a esa ave tan negra junto a un muñeco tan blanco. De detrás de un árbol salió Ignacia, la castora, y se acercó a ellos.

—¡Oh! ¡Vaya! ¡Qué bien hecho! —valoró mientras rodeaba el muñeco despacio, contemplándolo con admiración.

Ignacia siempre apreciaba un trabajo bien realizado y Valentina, Aurelio y Teodosio se sintieron orgullosos de su obra.

–¡Apuesto a que lo habéis pasado estupendamente haciéndolo! –añadió.

–Así es –confirmó Teodosio–. Ha sido totalmente improvisado pero muy divertido. Hemos disfrutado tanto del proceso de hacerlo como del resultado.

–Lo malo es que cuando vuelva a hacer un poco de calor se fundirá –dijo el grajo, que a veces le ponía pegas a las cosas solo por buscárselas. Todos lo abuchearon, medio en broma, medio en serio, por ser tan negativo.

–Buuuuuu.

–¡Oh, vamos! –alegó Aurelio–. Lo sabemos, Maximiliano. Todo se acaba. ¡Pero hay que disfrutarlo mientras lo tengamos!

Como desaprobación al comentario del grajo, Valentina hizo una bolita de nieve y se la tiró, atizándole en la espalda. La esfera se rompió en trocitos blancos de nieve, que parecían lunares, sobre el lomo negro y brillante de Maximiliano.

–¡Ay! –se quejó el grajo mientras se sacudía las plumas con energía y se volvía para ver quién le había tirado la bola. Lo adivinó enseguida porque Valentina se reía a carcajadas de la cara que había puesto.

Aprovechando que la ardilla estaba distraída desternillándose, Maximiliano hizo otra bola de nieve y se la tiró. Pero Valentina no era un blanco fácil porque era pequeña y no paraba de moverse, así que la pelota pasó de largo y le pegó a Teodosio en todo el rostro. El jabalí se quedó con cara de pasmado, se sulfuró e inmediatamente hizo una esfera destinada al grajo y se la arrojó con fuerza. Aurelio pensó que aquello era muy divertido, dio un gran salto en el aire y, haciendo una cabriola, le pegó a la bola con su peluda cola, usándola como si fuera un bate de béisbol. La pelota de nieve le dio a la cierva Baltasara, que justo se acercaba en aquel momento a ver qué es lo que estaba ocurriendo. Todos menos ella se rieron a carcajadas.

En menos que canta un gallo, todos estaban tirándose bolas unos a otros, escondiéndose detrás de los arbustos o subiéndose a un árbol para arrojarla desde allí a quien pasara por debajo. Esa zona del bosque se convirtió en un campo de batalla en el que las pelotas de nieve volaban en todas las direcciones y se estrellaban unas veces en un animal, otras en un tronco, e incluso en un arbusto. Los animales corrían en todos los sentidos y solo se paraban para amasar más esferas. Se oían bolazos y risotadas por todas partes.

Pasaron una mañana estupenda tirándose bolas y, cuando acabaron, se sentaron juntos, sin aliento, a descansar. Todos sonreían y ya nadie tenía frío. Habían aprovechado la nevada para pasárselo bien y disfrutar de su amistad, de una manera improvisada, dejándose llevar y gozando con lo que iba sucediendo.

Desde unos metros más allá, el muñeco de nieve, inmóvil y blanquísimo, contemplaba sonriente la escena, como si él también fuera feliz con la diversión de los animales del bosque.

- Espontaneidad.
- Iniciativa.
- Experimentación.
- Disfrute en la realización de una tarea.
- Menos es más.
- Actitud positiva.

Comentarios

Las aventuras del jabalí siguen su curso y en esta ocasión, con la llegada del invierno, la creación de un muñeco de nieve se atisbaba en el horizonte. Un capítulo inspirado en uno de los pilares de *Lean: Kaizen*. Esta palabra, que puede traducirse como "cambio para mejorar", y su metodología encierran toda una filosofía de trabajo. Hay decenas de libros y muchísima información disponible que pueden explicarla con detalle y una simple búsqueda en la red ofrece una idea de lo que se trata, pero lo que este cuento describe en particular es lo que se conoce como un mini evento *Kaizen*. A diferencia de uno completo, que tradicionalmente dura unos 5 días, un mini evento suele realizarse en una jornada y consiste en reunir a un equipo para realizar un cambio positivo en un proceso o en un lugar. Aunque pueda parecer algo aplicable a la industria, y ciertamente lo sea, está claro que puede ser de utilidad en servicios e incluso en la vida doméstica, desde la mejora de la disposición de los muebles de la cocina hasta el área de estudio de un niño.

La espontaneidad es clave en este tipo de actividades. No es necesario que sean resultado de un sesudo plan estratégico, ni de una necesidad de soluciones largamente pospuestas. Pueden aflorar simplemente de una mirada novedosa sobre algo, que descubre una posibilidad de mejorar o una oportunidad, como la nevada en el caso del cuento. A Teodosio le surge la idea de hacer un muñeco de nieve simplemente porque el material está ahí y se puede hacer algo con él.

Una de las actitudes que se describen como clave de *Kaizen* es el tener una inclinación, o sesgo, hacia la acción. En el cuento, Teodosio se plantea si no deberían planificar cuidadosamente el moldeado del muñeco, pero Valentina lo empuja a abrazar la espontaneidad y empezar a dar forma a su creación de manera inmediata. Ese es, para mí, el espíritu de un mini evento *Kaizen*. No significa que haya que caer en los riesgos de la impulsividad (cuidado con los aspectos de seguridad del trabajo), ni eliminar la reflexión, sino impedir que una planificación innecesariamente minuciosa impida la consecución de logros sencillos ¡hoy!

Todavía recuerdo, en un ejemplo doméstico de esa filosofía de trabajo, el día en el que mi hija, visitando a un amigo, lo empujó para acometer la reorganización de su cuarto, que estaba hecho un desastre. Lo ejecutaron de manera inmediata con resultados excelentes. Según la madre del muchacho, los efectos de esa labor perduraron en el tiempo.

El proceso de elaboración del muñeco de nieve explica también que una actitud clave para el éxito de un proceso creativo sencillo en equipo es la toma de iniciativa. Para algo tan elemental no es necesaria una asignación formal de roles o tareas, ni una planificación complicada. Es mucho más práctico que cada miembro del equipo, simplemente, encuentre algo que hacer y se ponga con ello, como hace el zorro Aurelio en el cuento yendo al río a buscar guijarros. No esperes a que te asignen cometidos, olvídate de la descripción de tu puesto de trabajo o de tu función formal en el club o en la familia. Simplemente hazte cargo de algo y ¡ponte en marcha!

Otro de los elementos importantes en este tipo de eventos es la experimentación. Hay que darse cuenta de que en ese momento no se trata de hacer cálculos precisos para poner un satélite en órbita, sino de acción. Y eso significa realizar cambios que puedan probarse rápidamente, llevar a equivocarse, corregir y volver a probar. Sin miedo al error, con imaginación. Es lo que hacen Valentina y Teodosio colocando sus gorros al muñeco. Podrían haber tomado medidas de la circunferencia de la cabeza del muñeco y luego de los gorros, compararlas y ver cuál encajaría mejor. Pero es mucho más fácil y rápido probar uno, ver cómo queda y luego probar otro.

Este tipo de eventos se pueden disfrutar mucho. Esa es la actitud que debe adoptarse, promovida por quien lidera la actividad. Se trata de mejorar algo o crearlo desde cero, pero también de disfrutar de la tarea, instilando un ambiente casi festivo. Así, los animales del cuento gozan con el resultado de cada adición al muñeco e, incluso, con el imprevisto del primer bolazo de nieve y la batalla que le sigue.

Algo interesante que menciona el cuento es la actitud de "menos es más". Efectivamente, se puede realizar un mini evento *Kaizen*, poner todo patas arriba, cambiar completamente el flujo de trabajo o la disposición de un taller, pero eso se puede hacer sin necesidad de complicar la tarea innecesariamente y de llevar todo el proceso más allá de lo que es útil para un evento de este tipo. Hay que tener un impulso a la acción y ejecución, pero también la capacidad de ver cuando hay que detenerse porque se ha alcanzado lo que se pretendía. En el caso del cuento, sería posible seguir buscando aditamentos para el muñeco de nieve durante días, pero eso simplemente alargaría su construcción indefinidamente, sin aportar necesariamente nada mucho mejor.

Por último, al contrario que lo que hace el grajo Maximiliano con una actitud tan negra como su plumaje, es importante mantenerse positivo. Los eventos de este tipo logran mejoras la mayor parte de las veces en los que se desarrollan. En ocasiones serán espectaculares, otras no tanto y puede ocurrir que no se obtenga nada. Todo está bien. E incluso en el último caso hay que tener en cuenta que en el proceso se aprende y que mañana será otro día, con quizás otra oportunidad para hacer un nuevo mini *Kaizen*.

Claramente, la actitud positiva es una auténtica bendición en cualquier equipo, grupo de amigos, vecinos o familia. Me viene a la cabeza la selección española de fútbol en el Mundial de Sudáfrica. El tercer portero del combinado español, Pepe Reina, no jugó un solo minuto en los siete partidos disputados, pero cualquiera que siguiera el campeonato con detalle se dio cuenta de que la actitud de este hombre fue un ingrediente más, y no pequeño, de los que condujo al éxito.

Reclute a gente positiva y cuídelos como a un tesoro. Si no puede incorporar a nadie, cultive esa actitud es su gente y en sí mismo todo lo que pueda.

Teodosio y sus amigos cocinan una tarta

I

A Teodosio el invierno se le estaba haciendo largo. Lo había pasado muy bien dando forma a un muñeco de nieve y jugando a tirarse bolas con sus amigos en el día que nevó por primera vez. Pero esta estación había avanzado y eran muy pocas las horas de luz durante el día. Como hacía frío, no le gustaba irse muy lejos de su cueva, que mantenía una temperatura estable y agradable. Igual que él, los demás animales reducían su actividad, así que había poco movimiento en el bosque. La nieve lo cubría todo, impidiendo al jabalí percibir el olor de la tierra húmeda que tanto le agradaba.

Por las tardes encendía una hoguera a la entrada de su cueva. Hacía un círculo con varias piedras, dentro del cual preparaba un lecho de hojarasca seca que había guardado desde el otoño. Luego apilaba unas cuantas ramas encima de las hojas y prendía estas últimas. El fuego enseguida se pasaba a las ramas y las llamas empezaban a crecer, tímidas, danzarinas. Él se sentaba cerca de la lumbre, en el umbral de la cueva, mirando a través de la hoguera el paisaje del bosque, que parecía bailar con el movimiento de la fogata. El humo ascendía lentamente hacia el cielo y tomaba colores rosados con la luz del atardecer. Sobre el cielo de un azul cada vez más oscuro, al fondo empezaban a lucir, temblorosas, algunas estrellas, mientras el aire se iba haciendo más frío.

Teodosio se puso a meditar mientras contemplaba absorto la hoguera, removiéndola con un palo para avivarla. Consideraba que sus amigos, los animales del bosque, estaban todos muy apagados y que él podría tomar alguna iniciativa para animar un poco el ambiente. Mirando el fuego pensó en cocinar algo… ¡Ya estaba! ¡Harían una tarta! Podría solicitar la ayuda de algunos de sus vecinos. La elaborarían juntos y luego, además, podrían compartirla. Se fue a dormir encantado con la idea, mientras, a la entrada de la cueva, el crepitar de la leña parecía más alegre que nunca.

El jabalí se despertó al día siguiente encantado con su propósito y enseguida empezó a pensar en lo que necesitaba. No se podía cocinar una tarta a la brasa, sobre una hoguera. Iba a necesitar un horno.

–¡Ya sé! ¡Le preguntaré a Ignacia, la castora ingeniera!

Y, sin más, de un salto se levantó de su lecho, se puso su gorro y bufanda de lana roja, y fue bajando hacia el río, con paso vivo, braceando con alegría y silbando una cancioncita. Cuando lo alcanzó, siguió recorriendo la orilla hasta llegar a la presa donde vivía Ignacia. Una vez allí, el tibio sol ya asomaba por encima de las peladas copas de los álamos de la ribera. La castora estaba tumbada sobre un tronco, disfrutando del leve calorcito que la luz le proporcionaba, mientras esponjaba su oleoso pelaje.

–Buenos días, Teodosio –saludó a la par que se estiraba, perezosa–. ¿Cómo estás?

–Bien. ¿Y tú? Qué bien estás ahí, al solecito… –le respondió el jabalí.

–Uy, sí. En mi madriguera se está bien, pero me gusta aprovechar las horas de luz para tomar un poco el sol. Los inviernos son un poco aburridos.

–De eso he venido a hablarte –Teodosio aprovechó la ocasión para proponerle a Ignacia su idea de hacer una tarta para animar un poco esos días tan apagados.

–¡Me parece una propuesta excelente! Además, yo tengo un pequeño horno de barro que construí hace años y que podría sernos de utilidad –indicó la castora, que dando unos saltos condujo a su amigo el jabalí a unos arbustos detrás de los cuales sacó lo que parecía un pequeño iglú marrón.

–¡Oh! –exclamó Teodosio encantado–. ¡Será perfecto! ¡Qué bien que justo tengas el utensilio adecuado! No esperaba menos de ti.

–Encantada de poder ayudar –dijo Ignacia muy contenta, aunque un poco avergonzada por el halago.

Una vez conocedores de que contaban con el menaje necesario para poder hacer realidad la idea del jabalí durante la pasada noche, los dos amigos pusieron toda su atención en cuál sería la siguiente acción. Posiblemente necesitaran contar con más animales del bosque para cumplir su deseo.

–Yo había pensado en pedir ayuda a la ardilla Valentina. Ella es muy buena buscando los frutos silvestres que necesitaremos para la tarta. Sobre todo, en invierno. En verano cualquiera puede encontrarlos –reflexionó Teodosio.

–¡Claro! –dijo Ignacia–. Te propongo una cosa. Tú vas subiendo el horno a tu cueva y yo, mientras tanto, busco a Valentina y le propongo el plan.

–¡Vale! –exclamó el jabalí. Y, sin pensárselo dos veces, se cargó el horno de barro a la espalda y se puso a caminar por el río en dirección a su cueva, al tiempo que la castora salía en busca de la ardilla.

II

Teodosio paseaba con cuidado por la orilla del río. No quería tropezar, caerse, y que se le rompiera el horno de la castora Ignacia. Habría sido una catástrofe. Mientras iba andando se encontró con Aurelio, que estaba bebiendo agua del río.

–Buenos días, Teodosio –saludó el zorro mientras se secaba el agua del hocico con el dorso de la pata–. ¿A dónde vas con eso?

–Es un horno de barro que me ha prestado Ignacia. Hemos pensado en cocinar una tarta en él, así que lo estoy trasladando a mi cueva. ¿Te gustaría unirte al plan?

Aurelio estuvo encantado de hacerlo. Le encantaba comer y devoraba de todo. Se puso a dar saltos alrededor de Teodosio. Como lo vio un poco agobiado con el horno, le ofreció su ayuda para llevarlo.

–Gracias, pero en realidad no pesa tanto y, si intentas ayudarme a transportarlo, creo que será peor y más probable que se me caiga.

–¿Tienes miedo de que se te venga abajo? –cuestionó el zorro.

–Sí –aclaró Teodosio–. Es que si se cae es muy fácil que se rompa y ni siquiera es mío.

–Ya veo. Creo que ese el problema.

–Es que si lo destrozo…

–Bueno, mira, es que si lo piensas demasiado entonces sí que es más fácil que se te caiga –le interrumpió Aurelio.

–¿Tú crees? –consultó el jabalí.

–Estoy seguro. Si te obsesionas con que algo malo puede pasar, es más probable que acabe por ocurrirte. Sobre todo si se trata de mantener el equilibrio.

–¿Y qué hago? –volvió a cuestionar Teodosio.

–Simplemente toma tus precauciones, ten confianza en lo que haces, olvídate de tu miedo y sigue adelante.

–¡De acuerdo! –dijo el jabalí con energía para afirmarse.

–Para que te dé más confianza, yo iré delante de ti y apartaré los obstáculos y ramas que me vaya encontrando y pudieran provocarte un traspiés o un tropiezo que, en un pispás, dieran al traste con el horno.

Y así lo hicieron. Siguieron ambos remontando el río, caminado cuidadosamente por la orilla y luego alejándose de él, subiendo por la suave pendiente que llevaba a la cueva de Teodosio. En la cuesta arriba, con el esfuerzo extra, el jabalí dejó de tener frío. Cuando llegaron a la entrada de la guarida, lo depositó con cuidado en el suelo con la colaboración de Aurelio.

–Muchas gracias por tu ayuda. No sé si lo habría podido hacer sin ti –reconoció Teodosio.

–Pues claro que lo habrías conseguido. Como te decía, lo único que tenías que hacer era dejar de pensar en que se te iba a caer o que algo podía ir mal.

–Ya, pero si no hubiera sido porque me ibas apartando los obstáculos…

–¿Sabes una cosa Teodosio? En realidad no lo he hecho. No me he encontrado ninguno que te pusiera de verdad en riesgo –le esclareció su amigo.

El jabalí miraba a su amigo con una mezcla de incredulidad y admiración. Había dado muestras claras y evidentes de su conocida astucia, uno de los rasgos más característicos de los zorros y que en Aurelio estaba muy presente. Su comportamiento en esa situación lo había demostrado y sus explicaciones ahondaron en ello.

–El único obstáculo que de verdad te ponía en peligro estaba en tu pensamiento y lo he apartado solo con decirte que iría delante de ti para asegurarme de que todo iría bien. Ahora ya sabes que, en realidad, podías hacerlo perfectamente tú solo.

Aurelio y Teodosio despejaron la nieve de la entrada de la cueva y limpiaron un poco alrededor, utilizando unas ramas para barrer. Buscaron más para encender dentro del horno. Las que encontraron estaban un poco húmedas, así que las pusieron al sol a la entrada de la guarida para que se secaran. El jabalí entró en ella y salió con un manojo de hojas secas.

–Las había guardado desde el otoño –precisó.

–Eres un animalito muy previsor –le alabó Aurelio.

Con todo presto y casi dispuesto, se sentaron a descansar mientras esperaban a Ignacia y Valentina. La tarta estaba cada vez más cerca aunque todavía quedaba la labor más importante: hacerla.

III

Mientras Teodosio y Aurelio subían el horno a la cueva, Ignacia había salido en busca de la ardilla Valentina. La encontró sentada tranquilamente en la rama de un pino, mordisqueando con todo su empeño un piñón.

—Tiene que estar muy rico —dijo la castora a modo de saludo.

—Te lo diré en cuando lo abra y me lo coma. ¿Quieres uno? —contestó la ardilla.

—No gracias. En realidad he venido a proponerte algo mejor —agregó Ignacia. Y a continuación le explicó la idea de la tarta, de cómo le había prestado a Teodosio su horno y de que ya estaría de camino a su cueva, si es que no había llegado ya.

—Nos gustaría saber si te gustaría participar en la elaboración —sugirió la castora.

—Pues claro que me gustaría. ¡Vamos! —exclamó Valentina muy alegre. Y las dos amigas se pusieron en marcha hacia la cueva del jabalí.

Cuando llegaron, Aurelio y Teodosio lo tenían todo listo y estaban sentados esperando su presencia. Ya era casi mediodía y la temperatura se había vuelto muy agradable. Los cuatro amigos se colocaron en círculo y hablaron sobre cómo organizarse para hacer la tarta. Acordaron que el jabalí y la ardilla irían a la búsqueda de los ingredientes, mientras el zorro y la castora encenderían el fuego del horno para que se fuera calentando.

El cielo estaba despejado y era todo de un color azul intenso, limpio y claro. El sol iba ascendiendo y sus rayos invernales, acogedoramente templados, acariciaban a cada rato, en cada claro del bosque, a cualquier animal recostado sobre un parche de tierra sin nieve. Alimentado por el agua del blanco manto que empezaba lentamente a derretirse, aquí y allá comenzaba a verse crecer algo de verde.

Valentina y Teodosio fueron rebuscando por todas partes y recogiendo frutos del bosque que guardaban en una bolsita de tela de cuadritos rojos y blancos que llevaba el jabalí. Ya no hacía tanto frío como por la mañana y no les salía vaporcito del aliento al respirar. Con el movimiento habían entrado en calor y estaban animados explorando entre las matas. Tenían diferentes habilidades, con lo que formaban un buen equipo. La ardilla se subía a los árboles y rebuscaba por las copas, mientras que Teodosio, que no habría podido trepar con agilidad a ningún sitio pero que tenía un olfato excelente, hociqueaba por la tierra húmeda allá donde la capa de nieve se había desecho o era muy fina.

Cuando ambos estaban ya cerca de la cueva, Ignacia y Aurelio encendieron el fuego y colocaron el horno encima. De la pequeña hoguera ascendía lentamente un humo azulado y espeso, con aroma a tomillo, que indicaba que habían usado ramilletes húmedos de esa planta aromática encontrados por los alrededores. Vieron a Teodosio acercarse con paso tranquilo, a lo lejos, y este, al verlos, alzó la bolsa con los frutos mientras saludaba con su otra pata y Valentina daba saltos alrededor. Los cuatro amigos se reunieron muy contentos. No sabían muy bien por dónde empezar y estaban un poco alborotados.

—Tranquilidad —reclamó ceremoniosamente el jabalí—. Lo mejor en estos casos es seguir la receta.

—¿Y qué es una receta? —preguntó Aurelio.

—Pues es un, mmm, como… un conjunto de pasos que tienes que seguir —Teodosio se esforzaba por encontrar una explicación.

—¿Y por qué tienes que hacerlo siguiendo unos pasos? —insistió el zorro—. A mí me gusta ir realizando las cosas según se me van ocurriendo.

Aurelio era muy listo y le gustaba actuar por inspiración. Teodosio sabía que era mejor seguir la receta, pero no sabía muy bien cómo explicárselo. Afortunadamente Ignacia, como buena ingeniera, lo entendió enseguida porque ella misma usaba procedimientos para sus trabajos.

–Es como seguir un procedimiento –aclaró–. Así te aseguras de que siempre vas a conseguir el mismo resultado.

–Ya –reconoció el jabalí–, pero ¿y si se te ocurre una manera mejor de hacerlo que no es la que está en la receta?

–En ese caso –puntualizó Ignacia–, tras experimentar esa idea y comprobar que sale mejor, puedes incorporar la novedad a la receta. De esa manera la recordarás para la siguiente vez y, si alguien más quiere hacerlo, podrá seguir los pasos y tendrá asegurado el mejor resultado posible…hasta que surja una alternativa mejor.

–¡Oh, Ignacia! –dijo asombrado Teodosio–. Qué bien lo explicas.

La castora ingeniera se puso un poco roja por los halagos. No terminaba de acostumbrarse a ellos y, posiblemente por eso, le dio un empujoncito nervioso a su amigo el jabalí para intentar que cesaran esos comentarios que tanta vergüenza le daban.

–Pero venga, ya. Vamos a centrarnos en la tarea –suplicó animosamente.

Teodosio se puso a mezclar y amasar la harina. Las patas se le pusieron blancas enseguida. Al cabo de un rato, se pasó una de ellas por la frente y dejó un trazo de ese color de lado a lado. Se rascó un poco la tripa y también la manchó. Luego se tocó la mejilla, pensativo, y dejó otro rastro. Al darse la vuelta para comprobar cómo iban sus amigos con su tarea, se ensució la espalda.

En un momento se apoyó en el plato sin darse cuenta y la harina saltó al aire como polvo de confeti, que fue cayendo sobre él mientras se quedaba mirando como un pasmado. Se embadurnó tanto que casi parecía un oso polar en vez de un jabalí. ¡Tenía harina por todas partes! Valentina lo señaló mientras hacía cabriolas.

–Pero, ¡cómo te has puesto! ¡Jajajaja! ¡Teodosio, eres la monda!

Todos, incluido él, se rieron a carcajadas sin poder evitarlo. Le ayudaron a sacudirse la harina de encima.

–Bueno. Es imposible cocinar sin mancharse, aunque solo sea un poco –subrayó con un toque de humor.

Los cuatro trabajaron durante un buen rato amasando y mezclando ingredientes. Para cuando terminaron esas tareas, el horno ya estaba caliente y metieron la tarta dentro. ¡Era enorme!

Decidieron que se irían a dar un paseo mientras el pastel se horneaba. Tenían miedo de que se les quemara, así que Teodosio se ofreció voluntario a quedarse vigilando en ausencia del resto de sus amigos. Se sentó enfrente del horno y, mientras los veía alejarse charlando animadamente, le echaba ojeadas constantes para controlar al momento el estado de la preparación.

Al cabo de un buen rato sus amigos no habían vuelto, pero al jabalí le parecía que la tarta ya estaba hecha, así que la sacó con mucho cuidado para evitar que se quemara. La colocó al lado del horno para que no se enfriara. Olía fenomenal y a Teodosio se le empezó a hacer la boca agua. No hacía más que relamerse.

–Mmmm ¡Qué buena pintaaaa! Quizás puedo probar un poco… –pensó.

Se sentía mal porque, de alguna manera, era como empezar a comerse la tarta previamente a la llegada de sus amigos. Aunque únicamente fuera una minúscula porción para comprobar que estaba al gusto de todos.

–En realidad no estaría comenzando antes de que vinieran, sino que solo la estaría probando para ver si ha quedado bien –se repetía constantemente para convencerse a sí mismo.

Aunque él no se daba cuenta, lo que estaba haciendo era buscar una excusa para realizar lo que él mismo sabía que no estaba bien. Finalmente sucumbió a la tentación, le arrancó un pedacito y se lo metió en la boca. ¡Sabía buenísima! Lo único malo es que estaba demasiado caliente. Tan pronto como se acabó el trozo, Teodosio empezó a sentirse mal por habérselo comido. Encima se había quemado un poco la lengua. ¡No debería haber arrancado esa porción! Pero ya era demasiado tarde.

Cuando sus amigos llegaron, enseguida se dieron cuenta de que faltaba un trocito. Miraron acusadoramente a Teodosio que tenía una cara de culpable que lo delataba.

–Es que tenía tan buena pinta... Y pensé que sería conveniente probarla –se excusó antes de que nadie le dijera nada.

–¿Para qué querías catarla? –inquirió Aurelio–. La tarta ya estaba hecha. En realidad ya no podías cambiar nada.

Esas palabras desarmaron la teoría de Teodosio. Cualquier explicación en esa línea no serviría de justificación porque las razones esgrimidas por el zorro eran irrefutables.

–Supongo que sí –confesó–. Creo que en verdad la probé porque parecía que estaba muy rica y no podía resistirme más. Era como la recompensa al todo el trabajo que habíamos hecho.

–¡Eh! –saltó metafóricamente Valentina–. Está muy bien disfrutar de la recompensa, pero hay que saber esperar al momento adecuado para disfrutarla. ¡Y todavía no lo era!

–Tenéis toda la razón, amigos –admitió Teodosio muy compungido–. Además, si ahora invitamos a otros animales se van a dar cuenta de que falta un pedacito.

–Está bien. No hagamos un drama del asunto. Lo que está hecho ya no tiene remedio. Vamos a ver cómo lo podemos arreglar y simplemente acuérdate de lo que te ha pasado hoy para no volver a caer en ello en el futuro –concluyó Ignacia.

La castora siempre miraba hacia adelante. ¿Qué sentido tenía darle vueltas a algo que se había hecho mal en el pasado? Siguiendo esa filosofía de vida, se les ocurrió empujar un poco de la masa de alrededor para cerrar un poco el agujero y tapar lo que quedaba con una ramita de yerbabuena como adorno. Quedó muy bien. Teodosio se sintió muy aliviado y se prometió a sí mismo que en el futuro se esforzaría en aguantarse y en no disfrutar de una recompensa antes de tiempo.

Al olor de la tarta ya hecha, otros animales se fueron acercando. Los cuatro amigos les invitaban a un pedazo a medida que llegaban. Se dieron cuenta de que no solo habían disfrutado mucho cocinándola juntos, e incluso comiéndola, sino que aún gozaban más viendo lo mucho que les estaba gustando a los otros animales a los que habían invitado. Quizás, después de todo, eso era incluso lo mejor.

- Liderazgo e iniciativa.
- El efecto Pigmalión.
- Procedimientos operativos.
- Mancharse para conseguir algo (Gemba).
- Autojustificación vs. gestión sin excusas.

Comentarios

Tener una idea y poner en marcha una iniciativa. Eso es precisamente lo que le sucede en primera persona a Teodosio. Un invierno ya demasiado largo, un recogimiento en la cueva para no sufrir los efectos del frío, una hoguera a la que acercarse para tener calor y un proceso de reflexión observando la llama hasta que surge en su mente una propuesta para él y sus amigos: cocinar una tarta.

Las ideas son las que mueven el mundo, tanto las más complejas como las más sencillas. Desde enviar al hombre en la Luna, hasta organizar una merienda campestre para los amigos, es siempre una fortuna el disponer de alguien con iniciativa, pero aún lo es más el tener a quien abrace esas propuestas y esté dispuesto a continuarlas. Hay un video en Youtube que ha recibido millones de visitas sobre cómo empezar un movimiento (o una corriente) en el que se ve a una persona que empieza una extraña danza en una pradera de un parque público. Pronto se le une un segundo, después otros y finalmente decenas de personas acaban haciendo un baile improvisado. De la explicación del conferenciante me quedo con la frase de que el liderazgo está sobrevalorado y de que el primer seguidor es el que convierte a un chiflado solitario en un líder. Efectivamente, son los seguidores los que lo crean. Sin ellos no puede serlo y casi nunca se les valora lo suficiente. Es fantástico ser la cabeza de algo, pero uno deber estar atento a ser un buen seguidor cuando tiene la ocasión.

Es Teodosio, en este capítulo, quien toma la iniciativa de cocinar una tarta con sus amigos, pero tiene la suerte de que Ignacia, Aurelio y Valentina se unen con entusiasmo a su propuesta. En el caso del zorro, en particular, me viene a la mente una frase que he oído alguna vez referida a ambientes de negocios o de política, y que asegura que la mitad del éxito se consigue simplemente estando presente o, de otra manera, apareciendo en el lugar oportuno, donde se están cocinando las cosas (literalmente, en este cuento). Aurelio no hizo nada en particular, excepto no estar encerrado en su madriguera. Se encontraba por ahí fuera, con actitud atenta y curiosa, y abierto a participar en lo que surgiera. Derivando en estado de alerta, que es la idea de Manfred Max Neef expresada en su clase magistral "El mundo en colisión" (impartida en la Universidad Internacional de Andalucía, España, en 2012); es una alternativa a la clásica de tener un destino claro y poner rumbo a él. Y así, ni más ni menos, se involucra uno en proyectos interesantes.

Hay un instructivo diálogo entre Aurelio y Teodosio, en el que el segundo teme caerse y dar al traste con el horno, mientras que el primero le explica que, si lo piensa demasiado, es cuando más posibilidades tendrá de que le ocurra lo que tanto le angustia. Creo que todos hemos vivido alguna vez una experiencia de ese tipo, en la que el mero hecho de pensar que algo va a salir mal acaba precipitando el resultado no deseado. Ocurre tirando una pelota a canasta, un dardo a la diana o, incluso, haciendo un examen o una entrevista de trabajo. Una visualización positiva de resultados es clave, aunque por supuesto no suficiente por sí sola en la consecución del éxito.

Recuerdo vivamente el día de mi niñez en que mi padre quitó los ruedines de mi bicicleta. Yo tenía miedo de caerme y él corría detrás de mí agarrando el sillín. Varios segundos después oí su voz, que se quedaba atrás diciendo que me había soltado y que llevaba varios metros andando solo. Eso es, ni más ni menos, lo que hace un jefe cuando deja de microgestionar a sus empleados.

Durante un episodio de la saga "Harry Potter", el genial mago adolescente le regala a su amigo Ron una ampolla con un elixir que le permitirá cumplir un deseo. El de Ron es el éxito como portero en el juego de quidditch. El anhelo, como muestra la película, se cumple. Solo que lo que Harry le había dado en realidad, sin su amigo saberlo, era solamente agua. Este episodio y el de Aurelio haciendo creer a Teodosio que le quitará todos los obstáculos de delante no son más que ejemplos del efecto Pigmalión, o de la profecía autocumplida, en virtud del cual uno acaba por hacer realidad lo que creía que estaba escrito que iba consumarse. Quizás los adultos somos más difíciles de engañar (positivamente) con este efecto, pero hay que aprovechar la flexibilidad mental de los niños para sembrar en ellos la posibilidad de toda clase de resultados extraordinarios.

Cuando los animales se ponen a cocinar la tarta se dan cuenta de que es algo que no habían hecho nunca. La solución es, por supuesto, seguir una receta, que no es más que la versión culinaria de lo que en la industria fabril se conoce como procedimiento operativo o *standard work*. La aplicación de este concepto en otros campos es amplísima, aunque a veces sea difícil percatarse. En centros de llamadas para atención al cliente siguen guiones o diagramas de flujo. Los pilotos tienen listas de comprobación y procedimientos de emergencia. Durante mi servicio militar en el ejército del aire español descubrí la existencia de las órdenes técnicas, que describían con todo detalle qué hacer para abordar ciertos problemas de mantenimiento. Un amigo que fue suboficial en el ejército americano me contaba cómo, para casi cualquier problema que surgiera en un carro de combate, había un procedimiento detallado que, paso a paso, te sacaba del apuro. Incluso los diagramas de montaje de Ikea no son más que un procedimiento operativo de ensamblaje puramente visual.

Siempre hay que tener presente que un procedimiento no es un corsé irrompible, sino una descripción detallada de cómo realizar el proceso de la manera más adecuada posible conocida hasta la fecha. El día en que se descubra una forma mejor, esta debe reflejarse en una actualización del procedimiento, garantizando así el resultado óptimo, lo siga quien lo siga. Enlazando esta reflexión con la historia de la tarta, me gustaría hacer notar que las recetas de cocina suelen ser procedimientos escritos de una manera bastante imprecisa. Hace unos años cayó en mis manos un libro editado por el Colegio Oficial de Ingenieros Industriales de Bizkaia (España), escrito por un colegiado jubilado que se apuntó a un curso de cocina y que había empleado, de manera genial, la metodología de los diagramas de proceso en líneas de fabricación para describir las recetas. Nunca había visto unas descripciones mejores del procedimiento de elaboración de diferentes platos como las que contiene la obra "Así cocino yo, la cocina de cada día", escrito por Aurelio Abacens López.

Otro concepto que esconde el capítulo es el del *Gemba*, o terreno en japonés. Según esta filosofía, un gestor debe deliberadamente dedicar tiempo a salir de su oficina y pasar períodos en el terreno. Un arquitecto debe visitar la obra, un médico ver y sentir sus pacientes, un banquero hablar con los clientes, un jefe de taller darse una vuelta y charlar con los mecánicos, un pedagogo pasar tiempo con niños, un cocinero, en fin, por muy chef que sea, debe seguir encontrando tiempo para mancharse las manos, tal y como hacen los animales del bosque al cocinar la tarta. Incluso un padre debe dedicar horas y horas a jugar con su hijo, a ensuciarse en el parque con él y a hacer los deberes a su lado. No basta con preguntar cómo le ha ido o echar un vistazo a los boletines de notas.

Qué porcentaje de tiempo debe dedicar uno a esa parte fundamental de su trabajo o responsabilidad depende mucho del tipo de tarea, del nivel en la organización, de la experiencia en este campo y de la existencia o no de problemas recurrentes en esa área. Pero nunca hay que perder ese contacto con el terreno, con el lugar donde suceden las cosas, con el *Gemba*.

Por último, al final del capítulo, Teodosio encuentra una excusa para hacer lo que en realidad sabe que no debería. Cuando escuchamos la noticia de un directivo o político que cometió un fraude monumental, solemos juzgarlo duramente (y con razón), pero no nos damos cuenta de que todos somos susceptibles de vernos en una situación así si no tenemos cuidado. El proceso es siempre el mismo: se comienza de manera desapercibida incluso para uno mismo con algo pequeño, una trapacería menor, de ahí se pasa a lo siguiente y, antes de que uno se dé cuenta, está en el nivel de fraude delictivo de proporciones dignas de primera página.

El jabalí empieza, precisamente, arrancando un pedacito de la tarta para sí y encontrando una justificación que cree razonable para ello. Quizás lo que libra a Teodosio de meterse en un lío mayor es que sus amigos llegan antes de que eso ocurra. Hay que estar atento y enseñar a estarlo para descubrir en nosotros, y también en los demás, ese primer paso en la dirección equivocada.

PESCADOS
COCINA CON
EL ARTE del
EL ARTE
RECETA FACIL
EL OSO
La leyenda
Soles en el tarde
cocina BASQUE
Recetas
Recetas cocina
EL Bosque

Teodosio en la biblioteca

I

El invierno estaba terminando. Ya no nevaba nunca y la mayoría de los días el cielo estaba despejado. De todos modos, el bosque seguía en su letargo invernal y, como no había mucho que hacer, Teodosio quedó de acuerdo con sus primos, los tres cerditos, en hacerles una nueva visita de fin de semana. Así, el sábado, el jabalí se levantó temprano y bajó hasta el río para lavarse la cara con el agua y despejarse. Estaba muy fría, pero eso lo espabiló rápidamente. Subió a la carrera hasta su cueva para entrar en calor, mientras braceaba con energía y murmuraba "uno, dos, uno, dos". Una vez arriba, se puso a hacer unas tablas de gimnasia y estiramientos. ¡Estaba muy contento de ir a visitar de nuevo a sus primos! Cuando pensó que ya había hecho suficiente ejercicio, se detuvo. Mientras recuperaba el resuello, contempló el bosque. Aún había nieve entre algunos arbustos y el lado norte de las rocas, pero ya no se veía ninguna en las copas de los pinos. Los álamos del río estaban todavía sin hojas, pero empezaban a apreciarse algunos brotes verdes. En esa época, con las ramas de los árboles desnudas, se podía ver bien desde su hogar la presa de Ignacia la castora y más allá, a lo lejos, la cueva en la que el oso Ceferino se pasaba el invierno durmiendo. En su respiración agitada, Teodosio exhalaba grandes bocanadas de aire, que se condensaba al salir de su hocico y subía como una pequeña nubecilla.

El jabalí se preparó para su fin de semana. Hizo repaso antes de salir. Apagó bien los restos de la hoguera de la entrada de su cueva y cubrió su cama elástica con la funda de protección. Como aún hacía frío, se abrigó para el camino con su gorro rojo y la bufanda.

Llegó a casa de sus primos antes de que anocheciera. Cenaron juntos y le prestaron el pijama que guardaban para él desde su última visita. Ya en la cama, Teodosio pensaba lo diferente que era dormir en la vivienda de sus primos a hacerlo en su cueva o en la casita del árbol. La cama de los tres cerditos era más cómoda, pero la cueva era más silenciosa. En cuanto a la casita del árbol, se oía el ruido del viento entre las hojas, aunque si uno no se obsesionaba con ello, el susurro lo ayudaba a dormir. ¡Y además se podían ver las estrellas! Sí, pensó el jabalí, sin duda casi todas las cosas tienen algo positivo y es mejor pensar en ello. Así que, sin echar de menos el silencio ni las estrellas, Teodosio se concentró en disfrutar del colchón blandito y hasta del apagado tintineo de cacharros que subía desde la cocina, donde uno de sus primos estaba fregando los platos de la cena.

El día siguiente amaneció como un soleado, aunque fresco, día de primavera. Los cuatro primos se dirigieron caminando a la biblioteca. Teodosio nunca había estado en una. Al entrar, le fascinó la inmensa cantidad de libros, perfectamente alineados en estanterías formando interminables pasillos. Era un sitio muy tranquilo, en el que los lectores se movían despacio y en silencio, mirando con atención los títulos de los volúmenes, o se sentaban en cómodos sillones a leer tranquilamente. El jabalí estaba emocionado y se desplazaba deprisa de un lado a otro, preguntando a sus primos dónde se podía encontrar la sección de libros de deportes al aire libre o la de cocina con ingredientes naturales -desde que hizo la tarta con sus amigos se había aficionado mucho a preparar suculentos platos-. Sin darse cuenta hablaba en abundancia y demasiado alto.

-¡Mira, Lolo! ¡Un libro sobre cabañas de madera!

Desde detrás de la estantería donde Teodosio señalaba el libro, cansados ya de escuchar conversaciones que en ese lugar no debían producirse, se oyó un siseo urgente.

-Sssshhh!

-Habla más bajo, Teodosio, por favor -le suplicó Lolo-. En las bibliotecas hay que guardar silencio o dialogar muy bajito para no molestar a los usuarios.

-Oh, perdón -dijo el jabalí atenuando la voz y caminando más despacio por los pasillos.

Estaba fascinado por la cantidad de títulos y temas, en alguno de los cuales no había pensado en su vida. Se topó con la sección de revistas. Había algunas sobre patinetes y bicicletas, otras de aficionados a cruceros, también sobre casitas de madera… Empezó a sacar varias y a ojearlas nervioso. Eran publicaciones un poco antiguas y desprendían un poco de polvillo al pasar las hojas, que se le iba metiendo en el hocico. Pero estaba tan distraído inspeccionando las páginas que no se daba cuenta del picorcillo insistente que se le iba instalando hasta que le vinieron unas ganas de estornudad repentinas e incontenibles. Se echó hacia atrás de golpe y…

-¡Ahhhhhchíssssss!

Fue un estornudo tremendo, exagerado, que no tuvo tiempo de contener ni limitar. Sonó estruendosamente por la biblioteca mientras se doblaba hacia delante. Golpeó con su cabezota de jabalí la estantería y varias revistas se salieron de su sitio y se le cayeron encima, con un aleteo desordenado de hojas de colores.

Algunos lectores, alarmados por el ruido del estornudo tormentoso y el cabezazo de Teodosio, se asomaron a ver qué ocurría. Observaron a un jabalí sentado en el suelo, con varias revistas abiertas por encima y una leve nube de polvo flotando alrededor. El bibliotecario llegó enseguida, alarmado. Y pregunto:

-¿Qué ha pasado?

Una pregunta que obtuvo su rápida respuesta por uno de los presentes en la escena del suceso. No entró en grandes detalles, más bien se dedicó a constatar lo que se podía percibir con una simple ojeada a la situación.

-Nada grave. Creo que a este cerdo se le han caído varias revistas encima.

Teodosio, escuchadas esas palabras, se quitó de encima parsimoniosamente los papeles, se sacudió el polvo, se sonó la nariz con un pañuelo y, aún sentado en el suelo, alzando la pata, recalcó:

-No soy un cerdo. Soy un jabalí -y acordándose de una información que acababa de obtener sobre su especie, añadió un final muy digno a su intervención-. Haga el favor de informarse en la sección de mamíferos artiodáctilos.

Lo ayudaron a levantarse y a colocar las revistas en su sitio, y decidió pasar a otra sección con menos polvo, donde pudo continuar explorando.

II

Teodosio llegó finalmente a la sección de la biblioteca que buscaba: la de libros de cocina. No había nadie en el pasillo. La moqueta del suelo apagaba los pocos sonidos que llegaban del resto de la estancia y el leve zumbido de las barras fluorescentes que iluminaban las estanterías encima de él. Había un cálido olor a papel impreso y el jabalí miró a su alrededor fascinado. ¡Había libros de cocina de todos los tipos! Se movió lateralmente mirándolos. Estaban perfectamente alineados.

Él buscaba algo que tratara sobre cocina con frutos del bosque y rápidamente encontró uno que, además, era específicamente del bosque mediterráneo, que era donde vivía. Así que lo sacó de la estantería, dispuesto a leerlo. Echó una ojeada más y vio otro del mismo tema que parecía muy interesante. Tenía unas fotos muy bonitas de un olivar en un paisaje de suaves colinas. Lo cogió también. Después se fijó en otro que parecía describir todas las recetas que se hacían tradicionalmente en una isla con casitas blandas de puertas azules y decidió sacarlo también. Cuando se quiso dar cuenta, tenía abrazados más de diez libros y casi no podía con ellos. Venancio pasaba por allí en aquel momento y lo miró sorprendido.

-Oye Teodosio, debes de querer mucho a los libros para abrazarlos tanto. ¿Eh?

El jabalí, a pesar de haber escuchado con atención las palabras de su primo, no pareció entender la broma. Es más, le respondió con toda la seriedad del mundo.

-Es que si no los abrazo se me caen -subrayó mientras algunos libros se le empezaban a escurrir y él hacía equilibrios para evitarlo.

-Ya -contestó su primo, que llevaba en la mano un libro sobre un tal Sócrates-. Lo que quiero decir es que no sé a dónde vas con tantos.

-Pues pretendía sentarme a leerlos.

-¿Diez a la vez?

-Quizás son demasiados -reflexionó Teodosio a la par que miraba el haz de libros que tenía entre sus patas.

-Estoy de acuerdo, primo -indicó Venancio, satisfecho de que hubiera llegado a la conclusión por sí mismo gracias a las preguntas que él le había hecho. Así pues, continuó con el método-. ¿Qué crees que pasaría si te llevaras los diez libros?

-Ehhh… Bueno… No solo no podría leérmelos todos a la vez, sino que impediría que otros lo hicieras.

-Ciertamente -completó Venancio- me alegro mucho de que pienses en las consecuencias que tendrá lo que haces en los demás. Entonces, ¿qué crees que sería mejor hacer ahora?

-Creo que elegir uno o dos libros y dejar el resto -contestó Teodosio-. A fin de cuentas, siempre puedo más tarde devolver el que elija y coger otro.

-Estoy de acuerdo, es buena idea. Yo te ayudo -sugirió Venancio.

En ese momento, el pequeño de los tres cerditos empezó a coger algún libro de entre las patas de Teodosio, antes de que se le cayeran al suelo. Los dos primos los alinearon cuidadosamente sobre una mesa cercana para que el jabalí se fijara en los títulos y ojeara un poco el índice de cada uno con el objetivo de decidir cuál le interesaba más. Se quedó finalmente con uno solo, que resultó ser el primero que había visto, y a continuación Venancio le ayudó a devolver los demás a su sitio para que otros interesados pudieran encontrarlos fácilmente.

Mientras los retornaba a sus respectivas estanterías, a su lado vio una nutria que miraba todos los tomos que iba dejando.

-Hola -dijo Teodosio-. ¿Te gustan los libros de cocina?

-Mmmmm. Sí. La verdad es que me gustan mucho -respondió la nutria.

-En esta sección hay muchos y de un montón de tipos.

-A mí me interesan los de pescado. Es lo que suelo comer -puntualizó-. Por cierto, me llamo Eugenia.

-Yo soy Teodosio. Encantado de conocerte.

-Igualmente. A mí me encanta cocinar, ¿y a ti? -agregó la nutria, que tenía un pelaje oscuro, casi negro, muy espeso y brillante, casi como si estuviera aceitado. También poseía un hociquillo muy gracioso con el que olisqueaba los libros mientras se movía ágilmente de un lado para otro.

-Yo también disfruto mucho cocinando -declaró Teodosio, emocionado de encontrar a alguien con una afición común-. Pero la verdad es que nunca he comido pescado.

-¡Oh, no me digas! -exclamó Eugenia-. Tienes que venir un día a la orilla de mi río y probar uno de los que yo cocino. Los hago a la brasa, con un poco de sal y hierbas aromáticas. A veces los acompaño de espárragos con mayonesa u otras cosas.

Se notaba que a Eugenia le encantaba lo que había y que le ponía mucha pasión a su cocina. Siendo así, tenían que quedarle unos platos estupendos. A Teodosio se le hacía la boca agua, casi a la par que la nutria volvía a invitarle a comer.

-Me encantaría probar uno de esos pescados a la brasa -afirmó el jabalí-. Pero dime, ¿dónde vives?

Eugenia le explicó con todo lujo de detalles dónde residía y resultó que era en el mismo bosque que Teodosio, solo que en el río de la zona más al norte, lugar que el jabalí nunca había visitado.

-Vivo en la cascada del río Blanco, justo antes de llegar a la llanura de La Piscinera. Desde arriba se ve todo el bosque. ¡Es precioso, tienes que venir!

Teodosio quería ir y quedaron en verse el siguiente fin de semana. Todavía hablaron un buen rato más de cocina, antes de marcharse cada uno por su lado. El jabalí pensó lo bien que estaba resultando su visita a la biblioteca. Se había dado cuenta de que no solo podía encontrar libros en los que aprender muchísimas cosas, sino que podía conocer a gente interesante con aficiones como las suyas.

III

Después de su interesante conversación con Eugenia, la nutria cocinera, Teodosio se despidió de ella, no sin antes recordarle su cita de dentro de siete días para cocinar un salmón a la brasa. Entonces buscó un rincón tranquilo de la biblioteca y se sentó con su libro en un sillón. Empezó a abrir las páginas y ya solo el tacto del papel, y el silencio que lo rodeaba, le produjeron una sensación de tranquilidad que notaba en un leve cosquilleo en la nuca mientras se recostaba contra el respaldo del sillón. Frente a él, Adolfo Leía muy serio una publicación sobre arquitectura de hormigón.

El jabalí se sumergió en su libro y le pareció transportarse a otro mundo. Solo de fondo se oían los pasos apagados de los lectores que pasaban cerca con su elección en la mano o el leve crujir de su sillón o el de Adolfo al cambiar un poco de postura. Pero Teodosio en realidad no escuchaba nada de eso de tan concentrado que estaba en su lectura. Después de lo que le pareció solo un ratito, Lolo le tocó suavemente el hombro y le dijo en voz baja:

-Teodosio, ¿te falta mucho?

El jabalí alzó sus ojitos castaños y miró a su primo, sorprendido, que lo acababa de sacar del mundo del libro en el que estaba tan absolutamente inmerso.

-Aún me queda bastante -aclaró, para después volver a observar con detenimiento su libro y pronunciar sus últimas palabras al respecto-. Me está resultando muy interesante.

-Pues es que ya es casi la hora de comer -advirtió Lolo-. Deberíamos ir ya hacia casa para hacernos la comida.

Teodosio no se podía creer que el tiempo hubiera pasado tan rápido. No quería dejar el libro y así se lo hizo saber a Lolo, quien le dio una solución rápidamente. Ayudaba que fuera usuario habitual y conociera a la perfección las normas.

-Puedes sacarlo de la biblioteca. Mira, ¿ves ese mostrador de la entrada? Pues vas allí y le dices al bibliotecario que te lo quieres llevar a casa.

-¿Y me va a dejar? -dudó el jabalí.

-Pues claro, solo tienes que hacerte una ficha. Te pedirá tu nombre, tu dirección y tienes que comprometerte a devolverlo antes de un mes, que es el plazo establecido en las normas.

Teodosio estaba encantado. Pensó que podría llevarse el libro a su casa y que sería estupendo poder continuar leyéndolo en su cabaña o recostado en la hierba, ahora que ya casi era primavera.

-Puedes incluso sacar otro libro si quieres -aclaró Lolo.

-Buena idea -dijo Teodosio-. Pero solo uno más. En realidad no puedo leer varios a la vez y no quiero sacar muchos para permitir que otros usuarios de la biblioteca tengan acceso a ellos.

-Muy bien, Teodosio. ¡Diez puntos por pensar en los demás! -valoró Lolo.

-¿Me acompañas a buscar otro? -pidió Teodosio.

-Claro -aceptó Lolo. Y juntos se fueron de nuevo a la sección de libros de cocina en busca de la segunda selección literaria del jabalí.

-Este libro de cocina me parece que tiene un contenido interesante, pero empecé a leerlo un poco y me resultaba difícil.

Lolo intentó aconsejar a su primo. Había emprendido en muchas ocasiones la aventura de comenzar a leer una obra y sabía a la perfección las complicaciones que aparecen en el camino de un lector. Por eso tenía las palabras exactas para ese momento:

-A veces resulta un poco difícil arrancar con algo. Ya sea un libro o una tarea. Hay que insistir un poco. Darle una oportunidad.

Teodosio escuchaba muy atento a su primo Lolo. Había que tener en cuenta su experiencia, y por eso el jabalí no hacía más que poner los cinco sentidos en todo lo que el mediano de los tres cerditos le estaba explicando.

-No se le coge el gusto a todo a la primera -continuó Lolo.

-Pero -dudó Teodosio-. ¿Y si sigue sin gustarme?

-Si después de insistir y leer unas cuantas páginas sigues pensando que no te resulta interesante, que no te lleva a ninguna parte o que, por lo que sea, no te gusta, lo mejor es dejarlo.

-¿Tú crees? -preguntó el jabalí.

-Estoy seguro -afirmó Lolo con convicción mientras miraba fijamente un libro que tenía sujeto, como si estuviera examinándolo, aunque eso no impidió que volviera a dirigirse a su primo el jabalí-. ¡Hay tantos interesantes y que nos pueden gustar tanto! ¿Para qué perder el tiempo con uno que no nos gusta?

A Teodosio aquello le pareció un muy buen consejo. Eligió el libro que más cautivador le pareció, que fue el que tenía en la portada una foto de colinas con olivos y que explicaba cómo hacer gazpacho, entre otras recetas. Lolo siguió explicando al jabalí:

-¿Sabes, Teodosio? Además de libros, en la biblioteca puedes acceder a mucha información a través de Internet.

El jabalí nunca había manejado un ordenador, ni tenía uno en su cueva y ni siquiera poseía las nociones básicas para poder desenvolverse con uno de ellos. Así se lo expuso a su primo, que le animó a tomar cartas en el asunto y a formarse en la materia.

-Ya lo sé, pero puedes aprender a manejarlo. Aquí en la biblioteca hay varios disponibles -declaró antes de quedarse unos segundos pensativo y volver a la carga-. Algunos solo usan los ordenadores para jugar, pero el caso es que con ellos, en Internet, se puede encontrar muchísima información interesante.

Esas palabras las complementó con la que sería la primera sesión práctica para el jabalí. Accedieron a la red y se adentraron en el maravilloso mundo de las recetas de cocina. ¡Había cientos y cientos! No tendría tiempo suficiente para leer todas ellas. Y todo esto a un golpe de clic…

-Ya veo -repetía constantemente el jabalí, admirado del mundo que se abría ante sus ojos.

-Los libros están fenomenal, pero no te limites a ellos para buscar información -enfatizó el cerdito mientras su primo asentía convencido.

Acompañado de Lolo, se dirigió al mostrados de la entrada para poder sacar de la biblioteca los libros que había seleccionado. El bibliotecario le saludó muy amable y se alegró de tener un socio más.

-Estupendo. Muy bien. Hacen falta más lectores en este mundo. Todo iría mejor si se leyera más -gruñó antes de rebuscar en un cajón una ficha en blanco y unas tijeras.

El bibliotecario le hizo rellenar la ficha. La dirección de Teodosio era: "Cueva en el roquedal, arriba de la ladera". Para describirlo tuvo que ocupar todo el espacio en blanco que había en la ficha para la dirección y aún escribir "subiendo desde el riachuelo del bosque", serpenteando letras por el margen.

Teodosio estaba pensando para qué quería el bibliotecario las tijeras que había sacado del cajón. ¿Acaso quería cortarle un mechón de pelo? ¿Recortar la ficha en redondo? En realidad no era nada de eso, sino que necesitaban hacerle una foto y las tijeras eran para adecuarla al tamaño que requería la ficha. Le pidieron colocarse contra una pared blanca de fondo para la instantánea. Teodosio se colocó, muy serio, pegado a la pared. Venancio, que pasaba por allí de camino a la salida, le suplico:

-Sonríe un poco. Para las fotos y para todo. ¿Siempre es mejor poner una sonrisa!

Al jabalí le hizo gracia la ocurrencia de Venancio y sonrió justo en el momento que le tomaban la foto. En la ficha, pues, se veía un jabalí alegre, con ojitos de pillo y pelujos revueltos. Teodosio salió de la biblioteca acompañado de sus primos, llevando sus dos libros bajo la pata, como un pequeño tesoro.

- Disfrutar del presente.
- Consideración hacia los demás.
- Método socrático.
- Causa raíz en Lean (los 5 porqués).
- Elección de un buen libro.
- Las posibilidades educativas de Internet.
- Sonreír.

Comentarios

Una visita a la biblioteca es el hilo argumental principal de este nuevo capítulo en las aventuras del jabalí Teodosio. Su presencia allí permite presentar los beneficios de disponer de todo el conocimiento que esos lugares ofrecen, pero también contiene otras pinceladas interesantes. La primera que aparece en la historia es la de disfrutar de la situación que se vive en cada momento y de sus ventajas. Teodosio duerme una noche en casa de sus primos y, por un instante, echa de menos su hogar del bosque, pero enseguida se da cuenta de que es mucho mejor centrarse en lo positivo y disfrutable de descansar en casa de los tres cerditos, que es la situación que está viviendo. Es común oír hoy en día muchas reflexiones sobre la conveniencia de vivir el presente y disfrutar del momento, pero una cuestión es saberlo y otra muy diferente practicarlo. Por eso me parece necesario entrenar esa habilidad lo antes posible en la vida y, por supuesto, continuar con el esfuerzo el resto de ella. Ese apunte en el capítulo no es más que un pequeño bloque más para construir ese edificio.

Mientras Teodosio busca libros, se da cuenta de que hay que tener en cuenta a los demás. En primer lugar, guardando silencio. Esto puede resultar evidente en una biblioteca, pero en otros entornos no lo es tanto. Muchas personas no son conscientes de que sus conversaciones privadas por móvil pueden resultar inoportunas de escuchar al resto del pasaje en un tren, por citar un ejemplo muy común.

Recuerdo cuando hace años visité Suiza por motivos de trabajo. Viajaba en un tren en el que reinaba el silencio. Decidí explorar un poco y caminé de un vagón a otro. Al llegar a uno de ellos vi un cartel que advertía de que entraba en uno silencioso. Me quedé estupefacto. Si los normales ya lo eran, ¿cómo sería ese? Quizás te multaran por toser… Por supuesto, hay diferencias culturales de unos países a otros y uno debe adaptarse a donde vaya, pero tener en cuenta si las acciones de uno pueden molestar a los demás es una práctica con la que se puede ir por todo el mundo sin miedo a meter la pata.

Siguiendo esta misma línea, Teodosio se da cuenta de que, si se lleva más libros de los que en realidad puede leer, lo que va a pasar es que impedirá que otra gente pueda leerlos. En las primeras jornadas de la pandemia de la Covid-19 desapareció durante semanas el papel higiénico de las estanterías de las tiendas. No se detuvo ni se ralentizó la producción, es decir, había la misma oferta de producto que antes del inicio de la alerta sanitaria. Tampoco se necesitaba más consumo, por lo que la demanda habría de ser la misma. La única razón por la que se agotó fue el acaparamiento egoísta, indiferente a las necesidades de los demás, ejercido por muchas personas. Hay padres que instruyen a sus hijos para que pasen por encima de los otros. Aunque eso pueda favorecerles en algunas ocasiones, me parece una actitud lamentable que acabará por pasarles factura y, aunque no fuera así, creo firmemente que el mundo sería un lugar mucho mejor si educan a nuestros pequeños en tener presente las necesidades de los demás.

En la historia también hay un pequeño guiño al método Socrático cuando Venancio, en lugar de decirle a Teodosio lo que él cree que el jabalí está haciendo mal, le hace una serie de preguntas para que llegue a la conclusión por sí mismo. Sin entrar en complicaciones filosóficas, es un método que estimula el pensamiento crítico y que, aunque no siempre es fácil y normalmente es más largo que decirle a un niño, o un adulto, directamente lo que uno cree que tiene que hacer, puede llevar a resultados mucho más sólidos que una simple instrucción imperativa.

Este procedimiento me recuerda (seguramente está en la base) a la técnica de las cinco preguntas sucesivas que se utiliza en *Lean* para llegar a la causa raíz de un problema. Si un motor se ha estropeado hay que preguntarse el porqué. Si la respuesta es que le faltaba aceite, hay que seguir interrogando a un nivel más profundo: ¿por qué le faltaba aceite? Quizás era porque había una fuga, pero ¿por qué la había? Ah, porque la junta se había estropeado al no ser la referencia adecuada a ese motor y a la temperatura de funcionamiento.

Si uno se queda en la primera pregunta, y le pone solución, el problema resurgirá una y otra vez. Quien llegue hasta el final lo resolverá para siempre. Apliquemos ese mismo método a la vida cotidiana y familiar. Mi hijo va fatal en clase. ¿Por qué? Porque no pone atención. Puede uno pararse ahí y perseguirlo para que atienda, o puede seguir con el método de los cinco porqués (no siempre es necesario llegar justo al número cinco). ¿Por qué no atiende? Porque no le interesa. ¿Por qué no le interesa? Porque no le ve el sentido a la asignatura. ¿Por qué no se lo ve? Porque nadie se ha molestado en explicárselo. En resumen, si uno quiere acabar con el problema de raíz, hay que seguir taladrando hasta llegar al fondo del asunto. De otro modo la solución será un parche temporal de eficacia limitada.

En un orden de cosas completamente diferente, la historia contiene una reflexión sobre la elección de lecturas. Hay dos errores frecuentes en esos casos que yo he cometido muchas veces sin que nadie me orientara al respecto. El primero es abandonar un libro demasiado pronto; no darle una oportunidad. Hay algunos con los que cuesta arrancar un poco, pero creo que hay que enseñar a perseverar mínimamente. En mi opinión, esto ocurre más con obras de divulgación o conocimiento en general, que con las de narrativa o ficción. En el caso de las segundas, uno suele engancharse bastante rápido o no lo hace nunca. El otro error frecuente, sin embargo, es el contrario: seguir empeñado en leer un libro que no se está disfrutando. Me ha ocurrido en diversas ocasiones, quizás por un orgullo injustificado de no abandonar una tarea, de no rendirme, pero lo único que se consigue es impedir que uno lea lo que realmente disfruta.

No es fácil, pero hay que hacer equilibrios entre esos dos extremos. Es más, esto es aplicable no solo a libros, sino también a aficiones, deportes y, ya en un nivel más complejo, a asignaturas optativas en los estudios o, incluso, a carreras académicas y profesionales. La receta, sencilla de decir pero difícil de ejecutar, es el dar una oportunidad, perseverando en algo y siendo capaz de darse cuenta de que, si no va a llevar a ninguna parte, es mejor tomar la decisión de dejarlo (de "matarlo"), antes de que sea una pérdida mayor de tiempo. Ser consciente de esta dicotomía puede al menos ayudar a no caer en ninguno de los dos extremos.

Hay una pequeña referencia en la historia a la búsqueda de información a través de Internet. En una generación hemos pasado de que la biblioteca, o una enciclopedia en casa, eran los únicos medios de investigar sobre un tema, al increíble mundo de posibilidades que ha abierto la Red, no solo de acceso a contenidos escritos digitalizados, sino a otras alternativas como tutoriales en forma de vídeos, simulaciones informáticas y, por supuesto, cursos *on line*. Aunque ha sido una tendencia presente desde principios del siglo XXI, la presencia de la enfermedad Covid-19 ha dado un brusco empujón a este tipo de educación, que se quedará entre nosotros.

Aunque la biblioteca seguirá siendo un sitio amable para estar, en este capítulo esos lugares están tratados como el símbolo de dónde encontrar información y educarse, más que un espacio físico en sí. En cualquier caso, un reto de Internet es la duda sobre la veracidad de la información que se encuentra (problema que aún está por resolver) y la sobreabundancia de contenidos que allí están alojados. Un libro de texto para un estudiante de secundaria, por ejemplo, tiene esas dos dificultades resueltas de salida, por lo que estoy convencido de que seguirán siendo una fuente fundamental de conocimiento, así como de ocio en el caso de lectura de ficción, ya sea su soporte en papel o electrónico. Sin embargo, la capacidad de buscar *on line* la información, seleccionarla y procesarla, ya es una habilidad fundamental en el mundo actual.

El capítulo termina con una línea muy sencilla pero importante: sonreír. En mis años de cantante coral, antes de iniciar una canción en un concierto, todos estábamos tremendamente concentrados en la partitura, en las entradas y salidas, en los cortes, en los tonos... Un sinfín de cuestiones. Y todo ello nos hacía tener un gesto serio y tenso. Recuerdo que a veces, antes de empezar una canción, el director, cuando todos estábamos pendientes de él y antes de alzar los brazos para empezar a dirigir, esbozaba una sonrisa amplia y nos decía muy bajito: "¡sonreíd!". Pues bien, eso es aplicable siempre. Cuando uno va a pedir en la frutería, al hablar en público, al dirigirse a un transeúnte para solicitar una indicación, por supuesto para una foto y hasta cuando uno habla por teléfono, ya que el interlocutor percibirá la sonrisa que no ve. Quita tensión al que la esboza y predispone favorablemente a los interlocutores.

Teodosio en la playa

I

El bosque estaba atravesando por los días más calurosos de la primavera. El oso Ceferino había despertado hacía tiempo del largo sueño invernal en su cueva y pasaba los días buscando miel por su entorno. Aún estaba delgado después de muchos meses de ayuno y se movía despacio. Teodosio lo vio un día al atardecer, escalando un pequeño risco con una agilidad sorprendente para su tamaño.

Las golondrinas ya habían llegado desde su retiro invernal en algún lugar de África y ahora volaban, antes de ponerse el sol, de un lado a otro, con líneas rectas y quiebros repentinos, con su piar largo y descendente. Para el jabalí, el cantar prolongado y rizado de esas aves significaba que el verano estaba muy cerca. Observaba su vuelo sobre las copas de los árboles esperando a Ceferino sentado tranquilamente en lo alto del risco, al que había accedido por un camino lateral, mientras pensaba que al oso a veces le gustaba hacer las cosas más difíciles de lo necesario. Algunas lagartijas asomaban su cabecita entre las rocas para aprovechar los últimos rayos de sol de la tarde, estirando el cuello y moviéndose con impulsos repentinos.

Ceferino llegó a lo alto y alzó su corpachón por el borde de la roca. Vio a Teodosio de reojo, se sentó a su lado y resopló.

–Hola Teodosio. Buenas tardes.

–Hola Ceferino. Has hecho una buena escalada.

–Sí –reconoció el oso mirando hacia abajo–. Demasiado trecho. Estoy cansado y hace mucho calor.

–Para ser aún primavera sí. Es porque el verano está a la vuelta de la esquina –dijo Teodosio como pensando en voz alta.

–A mí me gusta el verano porque se puede ir a la playa –comentó el oso con una chispa de alegría en la mirada.

–¿De verdad? Yo nunca he ido a una –admitió Teodosio con una punzadita de envidia.

–¡Oh, no me digas! –valoró Ceferino, proponiendo a la par un plan a su amigo el jabalí–. ¿Por qué no vamos un día juntos? Ya hace suficiente calor como para ir a la playa y seguro que lo pasaremos bien.

Teodosio pensó que él era un animal más bien terrestre y que le daba pereza la idea de meterse en el mar, pero también, cuando sus primos le propusieron hacer un crucero, apreció que era una suerte tener amigos que le sugiriesen planes diferentes e interesantes. Decidió vencer la pereza a hacer algo distinto.

–Oye pues me parece una buena idea, Ceferino. Creo que podemos pasar un día distinto –respondió el jabalí.

–¡Pues claro! ¡No se hable más! –agregó el oso muy contento y palmeando su pata delantera contra el suelo con energía.

–Pero, ¿cómo vamos a llegar hasta allí? –dudó Teodosio.

–No preocupes. Siempre hay una manera de ir a cualquier sitio. En este caso es una forma fácil. Hay un tren que sale del pueblo y que te lleva hasta la costa –explicó el oso con detalle para poder visitar la playa que conocía.

Teodosio y Ceferino quedaron en verse dos días después al amanecer, en casa del jabalí, para ponerse en camino hacia la estación, que se encontraba a la entrada del pueblo donde vivían los tres cerditos. Pare entonces, ambos habían preparado algunas provisiones para poder comerlas en la playa. También llevaban toallas, pero, al ser animales peludos, no necesitaban crema de protección solar. Después de una caminata no muy larga, llegaron a su destino. El tren estaba esperado en una de las vías y la mayoría de los pasajeros ya se habían subido. Solo unos pocos quedaban en el andén, así que los dos amigos accedieron sin demora.

Caminaron un rato por el pasillo del tren, buscando dos asientos juntos que estuvieran libres. Cuando los encontraron, Ceferino se dejó caer pesadamente sobre uno de ellos. ¡Plom! Estaba cansado de subir la bolsa con los utensilios de la playa al tren. Teodosio se sentó al lado del oso. Más bien se encajó a su lado. Ninguno de los dos estaba precisamente delgadito. La imagen era más propia de sardinas en lata con los brazos apretados hacia adelante, muy incómodos.

–Quizás sea mejor que me siente enfrente, Ceferino, aprovechando que está libre también –sugirió el jabalí casi sin aliento–. Me cuesta respirar estando tan apretados.

–Grmmmp. Sí. Estoy de acuerdo. Mucho mejor –ratificó el oso.

Pero la tarea resultó más difícil de lo que parecía inicialmente. Los dos amigos apenas podían moverse. Forcejearon un rato intentando impulsarse hacia adelante, pero no consiguieron desencajarse del asiento. Estaban sudando una gota por cada pelo, cuando por fin apareció el revisor, que era un carnero con unos cuernos enormes.

—Buenos días. ¿Ocurre algo? —preguntó el revisor servicialmente.

—Buenos días, señor revisor —contestó Teodosio—. Pues sí. Queríamos levantarnos porque nos encontramos muy incómodos, pero resulta que estamos tan encajados que no lo conseguimos.

—Les ayudaré, si me lo permiten —dijo el carnero, muy amablemente. Y a continuación se puso a tirar de la pata de Teodosio, que era el menos pesado de los dos. Sus resoplidos se escuchaban por todo el tren y su esfuerzo fue notable, aunque los resultados nulos: no conseguía mover al jabalí ni un solo milímetro.

—Creo que deberíamos haber previsto las consecuencias antes de sentarnos los dos en un espacio tan pequeño —lamentó Ceferino.

—Estoy de acuerdo —ratificó el jabalí mientras el revisor pegaba tirones de su brazo.

—Este método no está funcionando. No sé si tiene sentido seguir intentándolo. Me he esforzado todo lo que he podido —subrayó el carnero casi sin aliento.

Teodosio se encontraba inmóvil, incapaz de poder desplazar alguna parte de su cuerpo. Afortunadamente eso no le afectaba al cerebro y a su capacidad de pensar, así que se atrevió a hacerle una sugerencia al revisor:

—Si ya ha hecho todo lo que ha podido, entonces lo mejor es que intente otra cosa. No podemos esperar un resultado diferente si seguimos actuando de la misma manera.

—En eso tiene razón. No se preocupen. Los carneros no somos muy buenos tirando, pero somos excelentes empujando. ¡Así que me voy a centrar en lo que mejor sé hacer!

Y dicho eso, se alejó unos metros por el pasillo, a espaldas de Teodosio y Ceferino, y empezó a correr por el pasillo a toda velocidad, hasta que llegó al respaldo de los dos amigos y dio un topetazo tremendo con los cuernos en la parte trasera del asiento. ¡Paffff!

El jabalí y el oso salieron volando hacia delante como si hubieran descorchado una botella de champán. ¡Pum! Y aterrizaron en los asientos de enfrente, el oso colgado del respaldo como un pijama en un tendedero y el jabalí haciendo el pino, con las patas casi pegando en el techo. ¡Vaya cuadro!

Los dos amigos se pusieron de pie despacio, un poco aturdidos, al tiempo que el revisor se estiraba la chaqueta del uniforme, muy satisfecho de la misión cumplida.

–Mu…muchas gracias –acertó a decir Teodosio.

–De nada señor cerdo –replicó el carnero educadamente y empezó a alejarse por el pasillo.

Mientras Teodosio lo despedía con la pezuña, aún tuvo tiempo de hacerle una aclaración en voz baja:

–Pero no soy un cerdo… ¡Soy un jabalí!

II

El tren llevaba un rato en marcha camino de la playa, meciéndose suavemente de un lado a otro. Teodosio pensó que se movía de manera muy diferente al coche con el que aprendió a conducir, que, al contrario que el ferrocarril, se agitaba de arriba a abajo. Por la ventana iban pasando matorrales, árboles, terraplenes, riachuelos y praderas muy verdes y llenas de flores en esa época del año. Al jabalí, que estaba acostumbrado a contemplar el paisaje del bosque pausadamente, el ritmo al que se sucedían las vistas desde la ventanilla le parecía vertiginoso y fascinante. Tenía el hociquillo pegado al cristal y el vaho del aliento se condesaba de manera que tenía que limpiarlo cada poco para continuar viendo con claridad. Pensó que, aunque le gustaba el lugar donde vivía, le resultaba muy interesante viajar de vez en cuando y conocer otros parajes y otra gente. Se entretuvo durante un rato observando atentamente los pasajeros del tren, que era un entorno muy diferente que el que se veía a través de la ventana. Algunos dormitaban, otros leían un libro, otros charlaban animadamente…

En una de las paradas, una niña se subió al convoy y sentó al otro lado del pasillo. Traía una bolsita que parecía ser de comida. La dejó en el asiento y se fue hacia el final del vagón, seguramente para usar el baño. Ceferino dormitaba, pero Teodosio veía como su hocico se movía incluso en sueños. De repente abrió un ojo.

—Mmmmm. Huele a…Huele a…¡Huele a miel! —y abrió el otro ojo, mirando con los dos, entusiasmado, a su amigo jabalí.

—Pues yo no he traído miel —le advirtió Teodosio encogiéndose de hombros.

—Yo te digo que me huele a miel en alguna parte —insistió el oso, mientras se iba inclinado, como hipnotizado, hacia la bolsa que la niña había dejado en el asiento.

—¡Ahí! ¡Es esa bolsa! ¡Ahí hay miel! —dijo encantado, justo antes de que se incorporara y empezara a moverse hacia la ella.

—¡Alto! ¿A dónde vas? —lo detuvo Teodosio. Ceferino se paró en seco.

—A coger la miel de esa bolsa —le confesó el oso, aún inmovilizado por la repentina orden de su amigo.

—No puedes hacer eso, Ceferino.

—¿Por qué no? —insistía el oso.

—Porque no es tuya y eso no está bien —le subrayó resuelto Teodosio, aunque Ceferino parecía dudar.

—Puede ser… Pero la dueña no está y no lo va a ver.

—Pero yo sí que te veo. Y por eso te puedo decir que eso no es correcto.

—Si no estuvieras tú sería diferente —declaró el oso.

Teodosio era sabedor de que, a pesar de los intentos por justificarse de su amigo el oso, este no debería atreverse bajo ningún concepto a comer lo que contenía la bolsita de la niña. Precisamente por eso se esforzaba en explicárselo de la mejor manera posible, tratando de convencerle de lo incorrecto de sus intenciones.

—Aunque no estuviera yo, Ceferino. En ese caso estarías tú. Tú contigo mismo. ¿Entiendes? Te verías tú y eso debería ser suficiente.

El oso, escuchadas esas palabras, se dejó caer de nuevo en su asiento un poco abatido, a pensar lo que su amigo le había comentado. Consiguió entenderlo y explicarlo de otra manera:

—Claro. Supongo que quieres decir que lo que está mal…está mal. Da igual quién o cuántos te vean.

—¡Así es! Cuando vuelva la niña, si tienes mucha hambre, puedes pedirle que te dé un poco —sugirió Teodosio, que estaba muy orgulloso de su amigo por haber comprendido la situación y haber reconocido sus errores.

Y así fue. La chiquilla regresó, abrió su bolsa y se puso a tomar su merienda. Ceferino le comentó que la miel de su tostada olía fenomenal y, sin que tuviera que decir nada más, la niña le ofreció un trozo, que el oso paladeó con deleite, tras darle las gracias.

Antes de que se dieran cuenta ya habían llegado al destino. El tren empezó a disminuir la velocidad. Pronto vieron el andén de la estación y el convoy se detuvo con un crujir sordo y un suave chirriar de frenos. Los dos amigos se pusieron en pie -esta vez sin ayuda del revisor- y bajaron del tren acarreando sus bolsas. Nada más apearse notaron el olor a salitre y la brisa del mar que agitaba las hojas de algunas palmeras que adornaban la entrada de la terminal.

–¡Qué bien huele! –exclamó Teodosio–. ¡Vamos, Ceferino! ¡Tengo muchísimas ganas de darme un chapuzón!

III

Cuando llegaron a la playa ya era casi mediodía. El sol estaba alto y arrancaba cientos de brillos intermitentes de la superficie del mar, que aparecían y desparecían con el movimiento de las olas. Un vientecillo suave soplaba desde el agua hacia las casas y tiendecitas que había antes de llegar a la playa, agitando las camisetas y gorras colgadas para la venta y las hojas de las palmeras. Teodosio y Ceferino caminaban trabajosamente por la arena, sin saber muy bien si les costaba avanzar por la brisa que aireaba su pelaje o porque sus patas se hundían en ella.

En la playa había bastantes bañistas, que jugaban a las palas o chapoteaban en las olas, pero los sonidos de sus grititos al saltar en el agua y de los golpes de las palas con las pelotas de goma quedaban amortiguados por el rumor constante del mar y el romper de las olas en la orilla. El sol se reflejaba en la arena blanquísima y en el agua, de modo que Teodosio tenía que entrecerrar sus ojillos castaños para poder ver algo. De su bolsa sacó unas gafas de sol con montura de plástico amarillo y dibujos de caracolas. Por su parte, Ceferino se colocó sobre su cabezota un sobrero de paja de ala muy ancha.

—Hace calor y el sol pega con fuerza —reconoció Teodosio colocando las pezuñas sobre sus cejas para hacerse sombra en los ojos y contemplar mejor el panorama.

—Deberíamos haber traído una sombrilla —opinó Ceferino.

—Sí, pero el caso es que no la tenemos. Quizás podamos fabricar una —sugirió el jabalí.

—¿Cómo crees que podemos hacerla? —preguntó el oso.

—No lo sé. Pero podemos hace una pequeña "tormenta de ideas".

—Las tormentas no son una buena idea en la playa —replicó el oso, muy convencido.

—Ya lo sé. No es una de verdad, con rayos y truenos. Me refiero a pensar y decir muchas ideas, como si fueran las gotas de lluvia por las que nos mojamos. Ignacia la castora me contó que ella lo hacía a veces para sus construcciones —explicó Teodosio.

—¿Y para qué nos sirven tantas ideas? —quiso saber el oso.

—Si se nos ocurren muchas, de entre tantas alguna será buena y podremos ponerla en práctica —contestó el jabalí, lanzando a continuación una que consistía en hacer un sombrajo con dos palos y una de sus toallas.

—Pero si hacemos eso luego no podremos secarnos con la toalla —objetó Ceferino.

–Tienes razón –asintió el jabalí–. Pero no estamos haciendo bien la tormenta de ideas.

–¿Por qué no? –insistió.

–De lo que se trata es de que se nos ocurra el mayor número de ideas posible, por muy locas que sean, sin pararse a discutir si son viables o no, buenas o no. Si nos detenemos a evaluarlas, cortaremos nuestra imaginación –precisó Teodosio, muy entusiasta, dibujando en el aire círculos muy amplios con sus patas peludas, como si las propuestas flotasen todas a su alrededor como satélites en torno a la Tierra–. Pensamos y soltamos un montón de ideas y luego, al final y solo entonces, las discutimos y ya nos quedaremos con las que más factibles nos parezcan.

Ceferino estaba encantado. Los dos amigos empezaron a mirar alrededor y a soltar todo lo que se les iba ocurriendo, desde cavar una cueva en la arena, hasta transportar un trozo de valla a la playa, pasando por hacer un montículo que les hiciera sombra. Recopilaron más de veinte ideas locas, sobre las que luego hablaron un rato, evaluando cuál sería la que daría mejores resultados con la menor complicación posible. Al final decidieron llevar a la práctica una que consistía en colocar tres ramas largas que habían encontrado a modo de tipi indio y cubrir uno de los lados con unas grandes hojas de palmera de las muchas que se reposaban caídas a los pies de los árboles que separaban la playa de las casas.

Una vez construido su sencillo pero efectivo sombrajo, dejaron allí sus bolsas y salieron rápidamente hacia la orilla. Cuando llegaron al agua no se detuvieron, sino que entraron corriendo en tromba en el agua, dando gritos de emoción y salpicando cientos de gotas de agua que brillaban bajo el intenso sol.

–¡Al aguaaaaaa! –gritaba Teodosio mientras remataba su entrada tirándose en plancha y haciendo un enorme salpicón con su tripota.

Ceferino entraba saltando las olas, erguido, levantando mucho las patas al dar los pasos, como si fuera un bailarín, lo que resultaba muy gracioso en un oso tan grandote. Pasaron un buen rato en el agua y salieron para secarse. Sentados en sus toallas, charlaron con alguno de los bañistas y uno de ellos le prestó una tabla de surf a Teodosio. La aceptó encantado, la llevó hasta la orilla, se tumbó sobre ella y se fue impulsado mar adentro usando sus patas como remos. Cuando ya se encontraba a una distancia considerable de la arena, giró la tabla en dirección a tierra y se puso de pie encima de ella justo en el momento en que una ola de considerable tamaño lo alcanzaba. Esta la impulsaba hacia la orilla, con el jabalí encima, de pie, con sus gafas amarillas, la pata delantera izquierda echada hacia atrás y la derecha hacia adelante, en gesto entre estiloso y desafiante, mientras gritaba "yuhuuuuuu".

Teodosio llegó a la orilla con demasiada velocidad. Al tocar la arena, la tabla se quedó atascada y el jabalí salió volando hacia adelante, con las dos patas delanteras extendidas. Aterrizó en la playa como un avión en la pista de aterrizaje, solo que con su panza en lugar de ruedas. El hocico iba por delante dejando un surco hasta que acabó por detenerse. Se puso de pie rápidamente de un salto, fingiendo que no había pasado nada, pero tenía el morro y la tripa cubiertos de arena, y las gafas estaban torcidas. Ceferino se mondaba de risa.

–¡Vaya aterrizaje, Teodosio!

–Estoy bien. Estoy bien. Todo controlado. Ha sido una caída un poco aparatosa, pero no me he hecho daño

–repetía el jabalí antes de añadir, aún rebosante de la emoción y mientras se enderezaba las gafas–. ¿Has visto mi cabalgada en la tabla?

–Claro que la he visto. ¡Ha sido fantástica! Sobre todo para ser la primera vez que lo intentas. Lo de la caída es lo de menos.

–¡Pues claro! – se animó Teodosio ya sin ningún miedo al ridículo.

Después de pegarse unos cuantos chapuzones más, se tumbaron en las toallas y abrieron sus bolsas con la merienda que se habían preparado antes de salir del bosque. Saborearon los bocadillos con gusto. Nadar y jugar en el mar les había abierto mucho el apetito. Al terminar, el jabalí metió la pezuña en la bolsa para sacar el postre. Se había traído una tableta de chocolate. Al sacar la pata de la bolsa estaba manchada de cacao. ¡Se había deshecho! Teodosio se quedó abatido.

–Se me ha derretido el chocolate.

–Lo siento –le dijo el oso.

Teodosio tenía cara de decepción y reflexión. Primero por no tener el colofón a su comida en el mejor estado posible y, en segundo lugar, por el sentimiento de culpa que le embargaba.

–¿Sabes, Ceferino? En realidad es culpa mía –reconoció Teodosio.

–¿Por qué dices eso? –le preguntó su amigo.

–Pues verás… Cuando estábamos en el tren tenía hambre y pensé en sacar la tableta de chocolate para tomarla como aperitivo.

–¿Y por qué no lo hiciste?

En ese momento no podía ocultar las verdaderas razones por las que no había sacado de su mochila la tableta que se había llevado. Estaba avergonzado, pero consideraba justo que su amigo conociera la realidad.

–Pensé que algún otro viajero me pediría chocolate, tendría que compartirlo y nos quedaría menos porción. Ahora resulta que, por no repartir, no es ni para mí ni para nadie…

–Pues sí –admitió el oso, que no paraba de pensar en lo que su amigo le estaba diciendo mientras dibujaba figuras geométricas en la arena–. Habría sido mejor compartirla. Otros y tú hubiérais disfrutado del chocolate y además te habrías sentido mucho mejor. Eso es justo lo que hizo la niña que me dio un poco de su tostada con miel.

El sol se estaba empezando a ocultar por el horizonte, como si se hundiera en el mar. Las gaviotas los miraban recogiendo las toallas para irse. Habían pasado un día estupendo, pero aún les quedaba un largo camino de vuelta a casa, durante el cual aprovecharían a rememorar lo bien que lo habían pasado en su día de playa.

Temas tratados

- Mantener algo simple.
- Apoyarse en fortalezas.
- Viajar y conocer otros lugares.
- Ética.
- Brainstorming.
- Generosidad.

Comentarios

El oso Ceferino trepando por un acantilado mientras Teodosio llega al mismo lugar siguiendo un camino lateral más sencillo, lo que le lleva a pensar que su amigo lo está haciendo más difícil de lo necesario. Así comienza el último capítulo de las aventuras del jabalí, que da pie a un apunte muy corto que puede llegar a pasar desapercibido. Complicar nuestro día a día innecesariamente es una trampa habitual en la que solemos caer tanto en la vida profesional como en la personal. Incluso las administraciones públicas incurren en ella regularmente.

Cuando llegué a California para mis estudios de posgrado, me sorprendió lo sencillo que resultaba sacarse el carné de conducir: unas preguntas teóricas sencillas y lógicas, que se podían responder con no más de una hora de lectura del manual de conducción. En contraste, en España la prueba teórica es una sucesión de cuestiones enrevesadas a propósito, que lo hacen casi imposible de pasar para alguien que tenga el español como segundo idioma o que no se dedique a estudiar un buen número de horas. El examen de conducción en España requiere horas de práctica en autoescuelas autorizadas, en coches con doble mando y a un precio muy elevado. En Estados Unidos puede uno aprender con un progenitor o amigo, en un área vacía y presentarse sin más a la prueba práctica. Por unas pocas decenas de dólares tienes el permiso. Al final se consigue lo mismo y no hay gran diferencia de muertes o accidentes de tráfico entre ambos países. Hay otros ejemplos como el proceso de conseguir una notarización de documento o de registrar una empresa, que me resultaron tremendamente sencillos, y a la vez efectivos, en Estados Unidos. El mensaje claro es que, al empezar cualquier tarea, siempre hay que preguntarse si no la estamos planteando de una manera demasiado complicada y si no hay una forma más sencilla de hacerla.

Teodosio, gracias a la ocasión que le presenta Ceferino, descubre y disfruta del viaje en tren y de la playa. Esto incluye la experiencia no solo del medio de transporte (el ferrocarril en este caso) sino del paisaje y hasta de la presencia de los otros pasajeros. La observación del paisaje, ya sea desde un avión o tren, es cada vez menos frecuente. Es habitual ver que la mayoría de los pasajeros de ambos medios de transporte van enfrascados en lecturas o en la pantalla de sus dispositivos móviles, pero muy pocos dedican unos minutos simplemente a mirar por la ventanilla, descubrir curiosidades, naturaleza, edificios e, incluso, imaginarse las vidas de las personas que pueblan esos parajes.

Cuando vuelvo a España desde América, el avión suele entrar en la península por la costa norte de Portugal. Me fascina ver las luces titilantes de los pueblos costeros en el amanecer e imaginar la vida tan diferente de las personas que en esos momentos duermen o despiertan acompañados del rumor del Atlántico, mientras yo lo hago con el zumbido de las turbinas del avión y el siseo del aire rozando el fuselaje. Más allá del paisaje, incluso en un viaje se puede disfrutar de la conversación con otros pasajeros. Es este otro pequeño placer que creo que se está perdiendo en este mundo de tendencia introspectiva y que me parece conveniente descubrir a los pequeños.

Hay un episodio del cuento en el que Teodosio y Ceferino se quedan atascados en su asiento del tren y no pueden levantarse. Tras intentarlo sin éxito, piensan en la conveniencia de hacer algo diferente. Efectivamente, está muy bien perseverar en un método, pero si el resultado siempre es insatisfactorio hay que saber darse cuenta y cambiar, ya que, como dice una conocida cita de autor desconocido pero atribuida erróneamente a Albert Einstein o Mark Twain, "locura es hacer lo mismo una y otra vez esperando obtener resultados diferentes". Sin embargo, muchas veces continuamos actuando de la manera que nos ha llevado antes al fracaso. Tener esta frase en mente puede ayudar a salir de un bucle que no conduzca a ninguna parte.

En el mismo episodio, el revisor intenta ayudarles a salir de su asiento tirando de ellos sin éxito, hasta que piensa en dejarlo y hacer lo que en realidad es su especialidad: empujar (dando un topetazo). Es muy común oír que para tener éxito hace falta dedicarse a lo que a uno le gusta de verdad, pero otra buena pregunta para hacerse es qué es lo que uno sabe hacer mucho mejor que los demás. No solo cuestionarse qué es lo que te apasiona, lo que enciende tu fuego, sino qué es aquello que, por talento natural o adquirido, es poco común y sabes realizar mejor que nadie.

Siempre he pensado que para conseguir mejoras personales uno debe ser consciente de sus limitaciones y defectos, y corregirlos. En eso he trabajado toda mi vida. Por ello me sorprendió mucho un consejo de Donald Trump (antes de ser presidente de Estados Unidos) que consistía en olvidarte de tus limitaciones y apalancarte en tus fortalezas. Aunque sigo pensando que aplicarte en tus debilidades es una buena manera de conseguir mejoras personales, también estoy de acuerdo en que, ciertamente, no puedes quedarte en trabajar en esas fragilidades de manera constante y que se puede conseguir más éxitos siendo consciente de tus puntos positivos y apoyándote en ellos para conseguir logros.

La parte de esta historia en la que el oso Ceferino está a punto de apoderarse de la miel de una niña pasajera del tren está inspirada en mis clases de ética durante el Máster en Administración de Empresas, que cursé en la Universidad de San Francisco (Estados Unidos). Esa materia era uno de los fuertes de ese centro educativo y un excelente profesor de la Universidad de Georgetown (Estados Unidos), Lester Myers, volaba semanalmente a la costa oeste para impartirnos la asignatura. Eran los años posteriores al Escándalo Enron (luego han llegado otros, por desgracia) y existía la convicción general de que el mundo corporativo estaba muy necesitado de mejorar en el campo de la ética. Entre todo tipo de disquisiciones complicadas, recuerdo una frase de mi profesor que, por su sencillez, he recordado el resto de mi vida y puede ser transmitida incluso a un niño: "si no haces algo cuando te están viendo los demás, es porque sabes que está mal. Entonces no deberías hacerlo aun cuando nadie te ve, porque TÚ te estás viendo; y eso debería ser suficiente". Esto es, precisamente, lo que le dice Teodosio a

Ceferino cuando este último está a punto de sisarle un poco de miel a una pasajera ausente. Ese planteamiento es muy parecido a la "prueba del titular de periódico", que propone que si tienes la duda de si algo que realizas está bien o mal, pruebes a imaginártelo hecho público como titular de un periódico. De nuevo una frase simple puede ayudar a guiar de la manera correcta muchos comportamientos.

También posee este capítulo una descripción breve, pero bastante clara, de lo que es el *brainstorming*, o tormenta de ideas. Es esa una técnica que he aplicado muchas veces a lo largo de mi carrera profesional y que no es fácil de ejecutar de manera correcta. La mayoría de las veces, los participantes saltan antes de tiempo a la evaluación de las ideas generadas, aunque sea de manera informal e improvisada, limitando así tremendamente el proceso y matando prematuramente muchas de ellas. Este fallo habitual está, precisamente, descrito en el cuento.

Recuerdo la primera tormenta de ideas que lideré, trabajando para el Grupo Antolín, que consistía en pensar maneras de integrar altavoces extraplanos en los guarnecidos de techo que el Grupo fabricaba como, ya entonces, líder mundial. Algunas de las propuestas eran tan locas que teníamos que esforzarnos para no reírnos, pero éramos un equipo de gente que, en su mayoría, acababa de salir de la universidad y no teníamos ningún prejuicio. Generamos una cantidad fantástica de ellas y mi jefe, Fernando Rey, quedó encantado con el resultado.

Por último, en este capítulo tiene lugar también una escena sobre la generosidad. Guardarse algo para ti mismo puede llevar a veces a que ni los demás, ni tampoco tú, puedas disfrutarlo. La gente de la región de la que procedo, Castilla y León (España), es conocida por su austeridad y, particularmente en la generación anterior a la mía, que vivió una dura época de escasez en la posguerra, por su carácter ahorrador y extremadamente cuidadoso con sus bienes, o "guardoso", en palabra utilizada por Miguel Delibes en su magnífica novela "El hereje", para describir un rasgo del carácter campesino castellano. Cualquier habitante de la región conoce historias de rencillas por herencias de bienes que, al final, ningún heredero disfruta. Frente a esa personalidad conservadora a veces tan mal llevada, me gusta ese principio de que todo vuelve, de que si uno es generoso con los bienes que posee y no teme perderlos o gastarlos por compartirlos, no solo los disfruta más, sino que acaba por recibir más de lo que cedió. Creo que esa debe ser la norma de comportamiento que uno debe practicar y enseñar, pero sin esperar retorno alguno.

www.ingramcontent.com/pod-product-compliance
Lightning Source LLC
LaVergne TN
LVHW051108180726
843512LV00011B/760